Vorwort

Claudia kennt jede Ziege mit Namen: ob Amalia, Rosalie, Adele oder Minna, jede einzelne liegt ihr besonders am Herzen. Diese Liebe spiegelt sich auch im Ziegenkäse wieder. Die Ziegenhofidylle macht ihrem Namen alle Ehre – großes Augenmerk wird auf Traditionen und alte Bräuche gelegt. Viele Texte habe ich in meinem Leben als Restaurantkritiker geschrieben, daher ist es mir ein persönliches Bedürfnis an dieser Stelle ein paar Zeilen über die kleine Fromagerie im benachbarten Oberrod zu schreiben. Von Beginn an habe ich den Aufbau der Fromagerie und besonders die Entwicklung des Ziegenkäses mit seinen vielseitigen Facetten der Veredelung verfolgt. Wenn es im zeitigen Frühjahr nach frisch gereiftem Ziegenkäse duftet, weiß ich, es gibt ihn wieder, den besonderen Ziegenkäse der kleinen Fromagerie.

Ab März öffnet die „Sinfonie der Sinne" ihre Pforten im historischen Bruchsteinhaus. Es handelt sich dabei um die wohl schönste Käse-Weinverkostung zwischen Frankreich und dem Westerwald. „Das Glanzstück des Abends war ein Ziegenmilchsorbet mit Himbeeren, die mit Balsamico-Honig gefüllt waren. Einfach zwar, aber schwer zu übertreffen und die Idee muss man erst einmal haben!"

Ich wünsche der kleinen Fromagerie weiterhin viel Erfolg und dass die Liebe zum Detail nie verloren geht!

Waldemar Thomas

Die Ziegenprinzessin

GESCHICHTEN UND REZEPTE ZWISCHEN ZIEGENKÄS', KITTELSCHÜRZ' UND MUCKEFUCK

Texte, Fotos und Rezepte zum Nachkochen
von Claudia Schäfer-Trumm

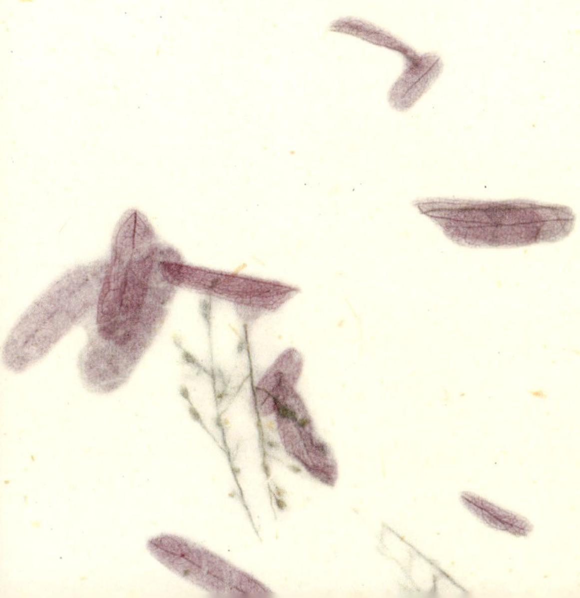

„Alles beginnt mit der Sehnsucht."
Nelly Sachs

Dieses Buch ist all den Menschen gewidmet, die gerne und gut essen. Essen mit einfachen, natürlichen und doch raffiniert verfeinerten Zutaten, allem voran der Ziegenkäse. Wir erleben die Renaissance des Ziegenkäses.

Mein Buch soll eine Anleitung für Teilzeitaussteiger sein, die das Leben von früher zu schätzen wissen, die entschleunigen und alte Traditionen erhalten möchten; andererseits jedoch nicht auf alle Neuerungen der heutigen Zeit verzichten möchten. Für Menschen, die ihren Beruf lieben und nicht komplett alles, was sie bisher leben, aufgeben müssen. Ich möchte Ihnen zeigen wie es geht! Es ist nicht immer einfach, aber der Mut und der Wille zum Ziel wird Sie führen und Ihre Seele wird es Ihnen danken.

Liebe Ziegen- und Zickenfreunde!

Es begann mit 3 Ziegen. Im Januar 2005 wurde der Grundstein für die kleine Fromagerie gelegt – ursprünglich als Hobby – denn der Ziegenkäse war nur für den Eigenverbrauch gedacht. Doch es kam alles anders. Das Abenteuer begann...

Mit meinem Buch „Die Ziegenprinzessin" erwartet Sie mehr als nur ein Kochbuch, es ist eine Liebeserklärung an das Leben von früher. Die schöne alte Zeit... es gibt sie noch mitten im Herzen des Westerwaldes – genauer gesagt im hohen Westerwald, dort pfeift der Wind so kalt.
Die Liebe zum Ziegenkäse und besonders zu den Ziegen, hat mir von Beginn an die Kraft und den Mut für all mein Tun und Handeln gegeben. Ich bereue keine Minute, auch wenn es ein harter, mit viel Arbeit gepflasterter Weg war und noch immer ist. Es hat sich gelohnt!
Ich möchte einen Hof führen, welcher auch dem Nutzen der Allgemeinheit dient. Mit der Menge mitschwimmen ist leicht, aber etwas verändern oder erhalten zu wollen setzt viel Eigeninitiative voraus. Ich arbeite mit viel Freude und Idealismus an unserem Projekt.

Ich habe für meine Familie und unsere Gäste das ursprüngliche Leben auf dem Land wieder etwas ausgegraben – das ist mein Lohn – teilweise so zu leben wie früher.

Vetera vita – das alte Leben.

Das Juwel des Westerwaldes. Erleben Sie eine kulinarische Entdeckung! Eine fa und Bäume soweit das Auge reicht – die Magie der Wälder verführt zum Träume Der Westerwald, ja da pfeift der Wind so kalt... Der Westerwald, der so abseits erschei Gerade in der heutigen, schnelllebigen Zeit ist „Entschleunigen“ das Zauberwort – au wegen seiner schönen Seen. Man findet sie hier noch, die gute alte Zeit.

Oh, du schööööhööner Westerwald...

ergessene oder eher unbekannte Region mit vielen Wäldern und Wiesen. Himmel ine Region mit alten Bräuchen und leckeren Gerichten, die unsere Seele erwärmt. inter Hügeln und Wäldern, ist in Wahrheit ein Landstrich zum Verweilen und Genießen. n Westerwald. Eine ideale Landschaft zum Wandern und Skifahren, die auch beliebt ist

Fagioli al fiasco...
ein uraltes toskanisches Rezept

Toskanische Bohnen mit Gasekäs auf ahler Wurscht

500 g weiße oder bunte, getrocknete Bohnen (fagiolina del Trasimeno), Westerwälder Diamant (Ziegenkäse nach Art des Parmesan) mit Diamantsalz, Kräuter, Pfeffer, eine ahle Wurscht, Gasekäs (Ziegencamembert), 6 Salbeiblätter, 1 Chilischote, 2 frische Knoblauchzehen, Salz, Pfeffer, 1/2 l Wasser, 50 ml Olivenöl

***

Die Bohnen zusammen mit Wasser, Olivenöl, Knoblauch, kleingeschnittenen Salbeiblättern und der Chilischote in eine bauchige Flasche füllen. Die Flasche mit einem Leinentuch oder einem angeschnittenen Korken so verschließen, dass noch Wasserdampf aus der Flasche entweichen kann, wenn nicht, gibt es ein Fiasco. Die Flasche für 12 Stunden in die warme Kaminasche oder Grillasche legen. Haben Sie jedoch einen Brotbackofen, natürlich aus Stein gemauert, ist es sehr praktisch, wenn Sie nach dem Brot backen die Resthitze für die Bohnen nutzen. Wenn diese drei Varianten nicht zur Verfügung stehen, müssen Sie trotz allem nicht auf die leckeren Bohnen verzichten. Im Backofen geht es auch. Es ist zwar nicht die traditionellste Art diese Bohnen zuzubereiten, aber lecker schmecken Sie allemal. Die Flasche mit den Zutaten bei 100 Grad ca. 4 Stunden garen, je geringer die Temperatur und je länger die Garzeit, umso intensiver der Geschmack der Bohnen.
Am Ende der Garzeit darf keine Flüssigkeit mehr in der Flasche sein. Schütteln Sie nun die Bohnen aus der Flasche in eine Schüssel und würzen Sie sie mit Salz und Pfeffer. Diese Bohnen schmecken noch nach richtigen Bohnen, da sie im eigenen Dampf gegart sind und somit das volle Aroma erhalten bleibt. Schneiden Sie die „ahle Wurscht" in fingerdicke Scheiben, braten sie kurz von beiden Seiten in der Pfanne und setzen sie dann auf ein Backblech. Geben Sie auf jede Scheibe Wurscht ein Stückchen Gasekäs und lassen Sie es im Backofen kurz gratinieren. Servieren Sie die gebackene „ahle Wurscht" mit dem Käse zu den Bohnen und geben etwas Olivenöl und geriebenen Westerwälder Diamant oder Parmesan darüber.

Tipp: Reichen Sie ein frisches Landhausbrot dazu.

Weinempfehlung: Zu Fagioli al fiasco, gehört natürlich ein toskanischer Rotwein. Ein Brunello mit ausgeprägter Note von Pflaumen – intensiv und üppig. Seine lange Reifung führt zu einer sehr eleganten Nuance von Vanille.

Die kleine Fromagerie

WIE ALLES BEGANN.

Ziegen bei der Herde auf der Viehweide

Der Ziegenhirte hütete vor dem 2. Weltkrieg die große Herde des Dorfes. Neben dem typischen Westerwälder Vieh (mit der weißen Blässe), gehörten auch schon damals die Weißen Deutschen Edelziegen zur Herde in Oberrod.

Kein Platz für Autos hatte die Oberroder Hauptstraße, wenn die große Viehherde morgens der Weide entgegen zog. Links am Bildrand ist noch der alte Dorfbrunnen zu erkennen, der eifrig vom Vieh genutzt wurde.

Leben früher und heute

Es geht beides! Die Teilzeit-Aussteigerin – von der Personalchefin zur Ziegenbäuerin. Man muss sich Platz für seine Träume schaffen! Ich wollte mehr vom Leben. Wann, wenn nicht jetzt? Vom Aussteigen träumen viele. Das ist kein Wunder in der heutigen, stressigen Zeit. Der Wunsch nach einem ursprünglichen Leben kann da schon groß werden.

Es war mein innerster Wunsch, der Drang, so zu leben wie früher: mit der Einfachheit und der Naturverbundenheit unserer Vorfahren. Das Leben früher war hart und überaus anstrengend, aber zugleich auf eine gewisse Art und Weise einfach, bodenständig und realistisch. Es war gradlinig, geprägt durch viel Arbeit von früh morgens bis spät abends.

Das Arbeiten wie es früher war, war zum größten Teil körperliche Arbeit, welche die Menschen nicht so in Stress versetzt hat wie heute, da eine Arbeit nach der anderen verrichtet wurde. Früher gab es noch das gemeinsame Arbeiten, das gemeinsame Essen und das gemeinsame Beisammensein am Abend. Es wurde ein wunderbares Essen aus einfachen, natürlichen Zutaten, welche selbst angebaut und gezüchtet wurden, zubereitet.

Heute, das muss ich Ihnen nicht erzählen, sieht alles anders aus. Wir leben in einer schnelllebigen High-Tech-Welt. Ich will damit nicht sagen, dass alles schlecht ist. Nein, im Gegenteil, wir profitieren alle von der heutigen Weiterentwicklung. Die Gesundheitsvorsorge allem voran, das Beste was uns Menschen passieren konnte. Computer, Handy und Co., nicht mehr wegzudenken in unserer Gesellschaft. Alles hat jedoch seine Vor- und Nachteile, die Sie zu Genüge kennen. Wir können und wir dürfen – ja wir müssen wieder zu unseren Wurzeln zurück. Wir können uns einen Teil zurückerobern und neu entfachen, die Wurzeln, das sind wir! Wollen wir nicht einen Teil davon in einer vielleicht etwas anderen Form an unsere Nachkommen weitergeben, damit diese unvergessene alte Zeit am Leben bleibt? Ist es nicht schön, wenn man sich dann in dieser reellen Welt etwas davon zurückholt und die einfachen, glücklichen Momente wieder genießen kann?

„Tradition ist nicht die Anbetung der Asche, sondern die Weitergabe des Feuers.

Gustav Mahler

So sehe ich mittlerweile mein Leben.

Danke an die Ortsgemeinde Oberrod für die Bilder aus der Dorfchronik.

Kartoffelsoufflé mit Ziegenkäse

1 kg Kartoffeln für das Püree, 150 g geriebener Ziegenschnittkäse, 150 ml Sahne, 150 ml Milch, 80 g Butter und Butterflöckchen, 3 Eier, Salz und Muskatnuss

***

Den Ziegenkäse reiben und den Backofen auf 210 Grad vorheizen. Die Kartoffeln schälen, klein schneiden und in Salzwasser gar kochen. Das Wasser abschütten etwas Butter, Sahne, Milch und ein wenig frisch geriebene Muskatnuss hinzugeben und zu Püree stampfen. Die Eier trennen, die Eidotter verquirlen und unter den Kartoffelstampf rühren. Das Eiweiß zu festem Schnee schlagen und zusammen mit dem Ziegenkäse unterrühren. Die Masse in gefettete Formen geben, mit Butterflöckchen belegen und für ca. 15-20 Min. im Ofen backen, bis die Soufflés schön aufgegangen sind. Jetzt muss man nur noch warten… doch beachten Sie, ein Soufflé lässt auf sich warten, aber wir dürfen es nicht warten lassen.

Tipp: Wenn die Kruste schön knusprig werden soll, bestreut man das Soufflé dünn mit Weckmehl oder Hartkäse. Wenn die Kruste weich bleiben soll, bestreicht man das Soufflé mit Butter, Sahne oder bestreut es mit Weichkäse.

Weinempfehlung: Ich empfehle einen Pinot Grigio aus dem Friaul. Der Wein ist von strohgelber Farbe. Sein Bouquet ist frisch und fruchtig. Erinnert an Vanille und Lindenblüten. Der Geschmack ist reichhaltig und voll, lang anhaltend der Abgang.

Himmel und Erde

1 Kg. Kartoffeln, 1 Kg. Äpfel, 500g Blutwurst,
20g. Zucker, Salz, 50g. Butter, Muskat,
1 große Zwiebel, 1 Tasse Milch

Die Äpfel schälen und das Kerngehäuse entfernen. Die Äpfel klein schneiden und mit dem Zucker weichdünsten. Die Kartoffeln in Salzwasser kochen. Abgießen und mit der Butter und der Milch zu einem Kartoffelbrei stampfen und mit Muskat würzen. Die Zwiebel kleinschneiden und in Butter andünsten. Die Blutwurst in Scheiben schneiden und mit den Zwiebeln anbraten. Kartoffelbrei auf einen Teller geben und obendrauf die gebratene Blutwurst und Zwiebel geben. Dazu den Apfelkompott reichen.

Gebackener Ziegencamembert

1 Ziegencamembert-Rolle, 20 g Mehl, 50 g Weckmehl, 1 Ei, 2 El Honig, 5 Feigen, 1 Apfel, 1 Birne, 50 g Butter, 2 El Olivenöl, 1 Bund frischer Kerbel

***

Die Camembert-Rolle in fingerdicke Scheiben schneiden, erst in Mehl, dann in einem verquirlten Ei und anschließend in dem Weckmehl wenden und in Olivenöl von beiden Seiten knusprig braten. Den Apfel und die Birne in Scheiben schneiden und in Butter dünsten. Zum Schluss die Feigen in Scheiben schneiden, dazugeben und mit dem Honig in der Pfanne karamellisieren. Den Käse mit den karamellisierten Früchten anrichten und mit dem kleingeschnittenen Kerbel servieren.

Tipp: Geben Sie über die karamellisierten Früchte etwas Feigenkonfitüre.
Weinempfehlung: Ein weißer Burgunder zu einem gebackenen Ziegenkäse – charmant, vollmundig und gereift.

Auf der einen Seite bin ich Betriebswirtin und Personalchefin in einem gehobenen Seminar- und Tagungshotel im Westerwald, das heißt – Leben und Arbeiten mit den vorher erwähnten Computer, Handy und Co. Mein zweites Leben ist das Leben einer Ziegenbäuerin – das einfache und harte Leben wie früher.

Raus aus den Pumps und rein in die Gummistiefel.

Raus aus dem Büro und rein in den Ziegenstall. Tausche mittags Kostüm gegen Kittelschürze. Tausche Computer gegen Mistgabel. Das ist es, was mein Leben ausmacht.
Ich kann und möchte nicht auf meine elektrischen, modernen Hilfen verzichten, denn diese Dinge sparen mir sehr viel Zeit, Zeit die ich sinnvoller nutzen kann. Nutzen kann für Dinge, die wirklich wichtig sind im Leben. Für meine Familie, meine Freunde und natürlich für meine Ziegen und den Ziegenkäse. Die Liebe ist das Symbol der Ewigkeit.

„Man muss das Leben so einrichten, dass jeder Augenblick bedeutungsvoll ist."
Iwan Turgenjew

Amelie hat das Licht der kleinen Fromagerie erblickt

Der Kampf „Anna und Claudia“

Anna, Emma und Paul

Im Januar 2005 wurde der Grundstein für die kleine Fromagerie gelegt – ursprünglich als Hobby. Der Ziegenkäse war nur für den Eigenverbrauch gedacht. Doch es kam alles anders. Anfangs mit drei Weißen Deutschen Edelziegen: Anna, Emma und Paul. Mit diesen Ziegen fing alles an und die Geschichte nahm ihren Lauf. Aus dem Nichts geschaffen... dem Abenteuer entgegen.

Wir pachteten zuerst ein Grundstück mit einem kleinen Gänsestall. Dies war die erste Hürde, denn selbst in einem kleinen Bauerndorf wie Oberrod wollte keiner Ziegen in direkter Nachbarschaft, geschweige denn auf seinem Grundstück haben. Ich kann es nicht verstehen, Ziegen bringen Glück und ihre Nähe schützt vor vielen Krankheiten, aber wir wurden eines besseren belehrt: „Ziegen sind ja schöne Tiere, aber bitte nicht direkt vor der Tür." Damals dachte ich, es sei leichter Ziegen in Frankfurt auf der Zeil zu halten, als in einem kleinen Dorf im Westerwald.

Wie gut, dass es einen Nachbarn gab, der uns unterstützte. Er bot uns eine Weide in unmittelbarer Nähe mit einem winzigen Gänsestall an. Ruf der Natur... Dort passten unsere drei Ziegen und sogar ein kleines Heulager hinein. Perfekt – die Idylle pur. Melken draußen am Melkstand bei Sonnenuntergang, was gibt's Schöneres? Melken, das hatte ich ja auch noch nie gemacht. „Es kann ja nicht so schwer sein", sagte ich mir. Oh doch! Versuchen Sie mal eine Ziege zu melken, die nur Heu vor ihrer wählerischen Nase hat. Keine Chance. Sie wirft sich auf das Euter und das war's. Gut zureden können Sie vergessen, denn in dem Moment versteht die Ziege kein Deutsch und versteht auch keinen Oberroder Dialekt. Nächtelanges Grübeln, wie pack ich es am Besten an? Ziege am Hals, an den Hörnern und an einem Bein anbinden, das müsste funktionieren. Nein, denn sie hat noch drei weitere Beine, zeigte sich schnell. Dann kam die rettende Idee: Eine Ziege kann nur mit gutem Futter gemolken werden, Hafer, Mais, Rübenschnitzel etc. „So Anna, jetzt schau'n wir mal, wer hier wen melkt. Du bist eine Ziege, aber ich bin Widder!" Dann hat es funktioniert. Die erste Hürde war geschafft.

Es war einmal

Ein Elektrozaun um die grüne Weide konnte meine Ziegen nicht davon abhalten ständig Ausflüge auf Wiesen und in Gärten unserer Nachbarn zu unternehmen. Es gab Ärger! Solche Anekdoten habe ich zu Genüge erlebt, aber darüber ausführlich zu berichten, würde den Rahmen dieses Buches sprengen.
Nachdem die Ziegen auch die Rinde der Obstbäume abgeknabbert hatten, obwohl ich sie in mühseliger Arbeit mit einem Hasendraht geschützt hatte, mussten wir umziehen.

Ein lieber Nachbar jedoch zeigte Mitleid mit uns und verpachtete uns seine Wiese. Es wurde ein Stall gebaut, ein 2 m hoher, stabiler Wildschutzzaun...

...und wir lebten in Ruhe und Frieden bis an unser Lebensende.

Nein, das gibt es nur im Märchen. Ich glaube ein Sack Flöhe zu halten ist einfacher. Ziegen sind Zicken, so wie wir Frauen. Ihr armen Männer, ihr habt es wirklich nicht immer einfach mit uns. Aber ihr habt selbst Schuld daran, ihr habt uns nicht richtig im Griff. Wenn ihr genau wüsstet, was wir wollen, dann könnte das Leben wie im Märchen sein und man könnte wirklich sagen: „Sie lebten froh und glücklich bis an ihr Lebensende.“ Na ja, ich will ja hier nicht von den Böcken reden, wir waren doch bei den Ziegen.

Auf jeden Fall ein Auf und Ab. Wir bauten einen zweiten Stall auf die gepachtete Weide und unsere Ziegen und wir hatten auch damit ein Stück Glück gepachtet. Ich hatte sie gebändigt.

Der erste Nachwuchs der kleinen Fromagerie.
Die Zwillinge Mathilda und Marie.

Blanche-Rose et Rose-Rouge

Schneeweißchen: 200 g Ziegenweichkäserolle, Löwenzahnhonig, frischer Rosmarin
Rosenrot: für das Rote-Beete-Chutney (2 Rote Beete Knollen, 1 mittelgroße Zwiebel, 50 ml Holundersaft, Nelken, Salz, Pfeffer, Chilischoten, Balsamico-Essig)

***

Die Rote Beete, sowie die Zwiebeln klein schneiden und im Holundersaft mit den Gewürzen dünsten. Zum Schluss etwas Honig und Balsamico hinzugeben. Die Ziegenweichkäserolle in Scheiben schneiden und in einer Pfanne mit dem Löwenzahnhonig von beiden Seiten anbraten. Das Rote-Beete-Chutney auf einer länglichen Platte anrichten, die gebackenen Ziegenkäsescheiben darauf legen und mit Rosmarin garnieren.

Tipp: Servieren Sie Schneeweißchen und Rosenrot mit Baguette als Vorspeise. Oder als Hauptgang mit einem einfachen Kartoffelgericht.

Weinempfehlung: Was passt hier besser, als ein Blanc de Noir, ein weißer Rotwein. Der Blanc de Noir ist eine ausgesprochen leckere Kuriosität. Es handelt sich um einen weiß gekelterten Rotwein.

Schneeweißchen war im Märchen von den Gebrüdern Grimm stiller und sanfter als Rosenrot. Rosenrot sprang lieber in den Feldern und Wiesen umher und suchte Blumen und Kräuter. Bei unserem Gericht ist es genau anders. Unsere weißen Ziegen springen lieber über die Wiesen und die rote Beete wächst langsam, still und sanft aus der Erde.

Ziegenkäse aus dem Westerwald...

und französiches „savoir vivre“
– was braucht man mehr um glücklich zu sein.

Bon appéti

Gebackene Ziegenrolle an Blattsalat mit Himbeeren

125 g Himbeeren (frisch oder TK), 3 El Himbeeressig, Salz, Pfeffer, 1 Tl Senf, 4 El flüssiger Honig
2–3 El Olivenöl, frische Kräuter und essbare Blüten, 100 g frische Champignons, 150 g Blattsalat nach Wahl,
200 g Ziegenweichkäse (Rolle)

***

Himbeeressig, Olivenöl, Salz, Pfeffer, Senf und 1 EL Honig zu einer Vinaigrette verrühren. Pilze putzen, kurz waschen und in Scheiben schneiden. Salat waschen, gut abtropfen.
Die frischen Beeren, Kräuter und Blüten verlesen, abspülen. Ziegenweichkäserolle in dickere Scheiben schneiden. Von einer Seite mit Honig bestreichen und mit dieser Seite zuerst in einer beschichteten Pfanne kurz goldbraun braten, dann von der anderen Seite. Champignons, Salat und Himbeeren vorsichtig mischen und anrichten. Alles gleichmäßig mit der Marinade beträufeln. Ziegenkäse darauf anrichten.

Tipp: Servieren Sie den Salat mit den frischen Kräutern und Blüten.

Weinempfehlung: Wie wär's mit einer fruchtigen Sommerbowle? 1 Flasche Weißwein, 1 Flasche Prosecco, 200 ml Himbeer- oder Rosenapéritifwein und 200 g Himbeeren.

Schritt für Schritt… zur Ziegenkäse-Spezialistin

In diesem Jahr versuchten wir uns ebenfalls an einem Kartoffelacker und bauten Gemüse an. Wir pflanzten und säten im Bauerngarten Kräuter und Gemüse, besonders die alten vergessenen Sorten wie gelbe Steckrüben, Hammelmöhren, Kerbelrüben etc., verschiedene Salatsorten und essbare Blüten.

Danach fing ich an das zu machen, was ich eigentlich wollte, Ziegenkäse. „Kann ja nicht so schwer sein.“ Auch das ist ein Märchen. Nach langen Versuchen und einem Seminar in Frankreich ging es bergauf, endlich schmeckte der Käse. Schnell wagte ich mich auch an die schwierigen Varianten der Käseherstellung heran. Mein Fazit ist: alle Käseherstellungsbücher sind nur Theorie, die Praxis basiert auf dem Bauchgefühl und ist reine Herzensangelegenheit. Es bewahrheitet sich wieder mein Leitspruch fürs Leben: „Was nützt dir ein hoher IQ, wenn du ein emotionaler Trottel bist.“ Eine gute Mischung aus IQ und EQ, das ist es, was uns gut durchs Leben führt und was auch ein guter Käse braucht.
In jedem Familienurlaub war es Pflicht, mindestens einen Ziegenhof zu besuchen. Besser gesagt habe ich die Urlaubsregion immer so ausgewählt – natürlich unauffällig – dass es einen Ziegenhof in der Umgebung gab. Anfangs zum Leidwesen meiner Familie. Mittlerweile, nach einigen Jahren, haben sich alle daran gewöhnt und was wäre ein Urlaub heute ohne einen Besuch auf einem Ziegenhof.

Mit dem Käse-Seminar in Frankreich war auch der Feinschliff des Käsens gemacht. Dort erfuhren wir natürlich, dass zum Ziegenkäse ein französischer Wellblechlieferwagen, ein alter Citroen HY, ein absolutes Muss ist. Es dauerte nicht lange und wir hatten ihn ausfindig gemacht. Aus dem Herzen der Provence in den Westerwald, unser „Käseurmel“ wurde nach Oberrod gebracht. Nach einigen Schönheitsreparaturen war es fertig, unser kleines, feines, fahrendes, französisches Restaurant mit Ziegenkäse aus dem Westerwald.

Nous aimons la vie – Wir lieben das Leben.

Das kleine fahrende Restaurant

Im Angebot: verschiedene Variationen von Flammkuchen auf heißem Stein gebacken, Ziegenkäsespieße, Baguette vom heißen Stein, Ofenkäse im Speckmantel mit Honig und Rosmarin aromatisiert, Canapés mit Ziegenfrischkäse, verfeinert mit schwarzen Oliven und dunkler Schokolade, mit Pfefferminze oder Tomate/Basilikum. Ziegenkäsepralinen und natürlich eine große Auswahl an Ziegenkäse, dazu verschiedene Sorten Weiß- und Rotweine.

Gezickte Garnelen zum Champagner-Apéritif

„Gezickte" Garnelen

Rohe Garnelen (frisch oder TK), Ziegenfrischkäse, 1 Salatgurke, frischer Ingwer (in Honig eingelegt), Knoblauch, Olivenöl, Salz & Pfeffer

***

Die Garnelen in Olivenöl mit feingehacktem Knoblauch marinieren. Aus der Gurke „Tagliatelle" schneiden (am Besten mit dem Sparschäler). Den Ziegenfrischkäse mit Salz, Pfeffer und fein gehacktem Ingwer abschmecken und mit Hilfe einer Spritztülle auf längliche Teller spritzen. Die Salatgurken-Tagliatelle mit einer Gabel aufrollen und auf dem Ziegenfrischkäse anrichten. Die Garnelen in Olivenöl garen, auf dem Gurken-Frischkäsesalat verteilen und mit Ingwerhonig beträufeln. Mit Borretschblüten dekorieren.

Tipp: Nachdem die Gurke zu „Tagliatelle" geschält wurde, etwas salzen und mit einem kleinen flachen Teller beschweren, damit die Flüssigkeit aus der Gurke besser abläuft.

Weinempfehlung: Schalentiere und Champagner – die perfekte Liaison.

Der Feinschmecker zeichnet aus – Der Westerwald gratuliert

Dass es in der kleinen Fromagerie von Claudia Schäfer-Trumm in Oberrod Käsespezialitäten aus Ziegenmilch gibt, ist im Westerwald bereits bekannt. Nun weiß es auch der Rest der Welt, denn die nicht nur in Deutschland bekannte Zeitschrift „Der Feinschmecker“ Hotel & Restaurant-Guide, zeichnete Claudia Schäfer-Trumm für ihre köstlichen Käsekreationen aus. Die kleine Fromagerie gehört nun auch offiziell zu den besten Käseproduzenten in Deutschland. Im Käse-Guide 2011, der der Zeitschrift „Der Feinschmecker“ in der Januar Ausgabe beiliegt, wird auf die herausragende Fachkompetenz der kleinen Fromagerie hingewiesen. Auf Seite 229 wird im Bereich Rheinland-Pfalz Claudia Schäfer-Trumm mit ihren Schlemmer-Produkten vorgestellt.

Schäfer-Trumm „entdeckte“ die Herstellung von Ziegenkäse vor rund 6 Jahren als Hobby und entwickelte rasch eigene Käsevariationen. Die ausgewählten Gaumenfreuden kamen so gut an, dass die Westerwälderin aus Oberrod expandierte. Mittlerweile hält die gelernte Betriebswirtin 40 Ziegen als Milchlieferanten. Die munteren „Weißen Deutschen Edelziegen“ haben nahe dem Wohnhaus von Claudia Schäfer-Trumm ihr Zuhause und weiden auf den saftigen Wiesen des Westerwaldes, wo sie von den besten Kräutern, Blättern und Gräsern – frei von Giftstoffen aller Art – naschen. Sie werden zweimal täglich gemolken und die Milch direkt zu den edelsten Käsesorten verarbeitet. Die verschiedenen Käselaiber reifen anschließend in einem Gewölbekeller mit hoher Luftfeuchtigkeit heran. Der Feinschmecker Ziegenkäse wird zudem mit Kräutern und Blüten aus dem Westerwald, edlen Bränden, Nüssen, dunkler Schokolade, Trüffel und Chili, Heufäden oder Weinblättern verfeinert zum Hochgenuss. Neu im Sortiment sind die beliebten Ofenkäse in verschiedenen Variationen, wie z.B. mit Haselnuss, Walnuss, Sesam oder Pinienkernen. Als Barrique des Ofenkäses präsentiert sich der gereifte Weichkäse, welcher in Tannenrinde reift oder le petit Ofenkäse, in Rauchholz und Whisky gereift. Dem Einfallsreichtum der Käsespezialistin sind offenbar keine Grenzen gesetzt.

Speziell für den Westerwald kreierte Sie den „Westerwälder Diamant“, und neu für ihren Heimatort Oberrod den „Westerwälder Knoten“, ein Ziegenweichkäse in Pinienasche gereift. Er ähnelt einer Pyramide, mit abgeschlagener Spitze, nach dem Rezept des französischen Valencay. Wen wundert, dass nun auch Sternekoch Ralf Zacherl mit Kräuterwindkäse von der kleinen Fromagerie kocht!

Auszug aus dem Hohen Westerwald Ausgabe Nr.03/2011

DER FEINSCHMECKER
Dieser Käseproduzent gehört zu den besten in Deutschland
2011
Kleine Fromagerie Claudia Schäfer-Trumm
F

Traumhafte Käsepralinen mit Valrhona-Schokolade

Ziegenkäse-Pralinen

Die wohl außergewöhnlichste Art Ziegenkäse zu genießen. Wer sie einmal probiert hat, kommt nicht mehr von ihnen los. Besonders inspiriert hat mich bei der Pralinenherstellung die Faszination von dunkler Schokolade und schneeweißem Ziegenkäse. Dies zu kreieren in Kombination mit den unterschiedlichsten Früchten, Blüten, Kräutern und Apéritifweinen, das war die Herausforderung und ich habe sie angenommen.

***

Gute Zutaten haben ihren Preis, daher ist es mir auch wichtig, dass die Ziegenkäse-Pralinen mit einer der besten Schokoladen Frankreichs umhüllt sind. Die Valrhona (benannt nach dem Rhône-Tal), Vallèe du Rhône. Die Kakaoplantagen arbeiten eigens für die Firma Valrhona, weshalb man hier auch größtmöglichen Wert auf Qualitätsrichtlinien setzt. Die Kakaobohnen werden nicht maschinell, sondern langsam und aromaschonend an der Sonne getrocknet. Die Pralinen, verfeinert mit Ziegenfrischkäse, Früchten, Blüten, Kräutern, sowie Apéritifweinen, sind vom Geschmack eher fruchtig mild mit einem Hauch Ziege, die auf einer Sommerwiese weidet. Im Gegensatz zur Praline mit Ziegencamembert. Sie hat einen rassigen und würzigen Geschmack, hier schmeckt man, dass es Ziegenkäse pur im Schokoladenmantel ist.

Tipp: Ziegenkäsepralinen kalt servieren.

Weinempfehlung: Servieren Sie die Ziegenkäsepralinen zum Apéritif mit einem Prosecco, verfeinert mit einem Hauch von Rosenblütenapéritifwein.

Mit Leidenschaft gebaut und mit Liebe geführt – Die kleine Fromagerie in Oberrod

Ländliche Idylle für Genießer

Ganz schön neugierig sind sie, die kleinen Zicklein

Stein für Stein vom Rhein in den Westerwald

So ging es weiter vom kleinen, fahrenden, französischen Restaurant zur „Sinfonie der Sinne". Die Sinfonie der Sinne ist eine Käse-Weinverkostung der besonderen Art. Die schönste Käse-versuchung zwischen Frankreich und Westerwald. Lernen Sie bei einer kleinen Wanderung die schönen Weißen Deutschen Edelziegen Anna, Emma, Justine, Mathilda, deren Kolleginnen und ganz viel mediterran-geprägte Westerwald Atmosphäre kennen. Apéritifempfang am französischen Wellblechlieferwagen. Im Anschluss wird Ihnen ein 7-Gänge-Menü mit korrespondierenden Weinen im Bruchsteinhaus à la Bauern-museum mit historischen Baumaterialien, umgeben von Lavendel, Kräutern und Weinstöcken serviert. Es scheint, als wäre die Zeit stehen geblieben. Erleben Sie, wie vielfältig Ziegenkäse sein kann.

Natürlich mussten auch für diese Veranstaltung Räume geschaffen werden. Es ging wieder mal ans Planen und Bauen. Auch hier bemühte ich mich, die Farben und die Atmosphäre der Umgebung aufs Innere des neuen „alten" Hauses zu übertragen. Es sollte ein Ort der besonderen Art werden. Leben wie früher, das sollte auch hier im Vordergrund stehen, diese Vision begleitet uns seit einigen Jahren wie ein roter Faden durchs Leben. Also musste ein „altes" Haus geschaffen werden. Es wurde ein Bruchsteinhaus aus historischen Baumaterialien gebaut. Mit alten Baustoffen und viel Sinn für Tradition entstand nach und nach in liebevoller Kleinarbeit ein Bauernhaus im Westerwald. Die Steine für die Grundmauern konnten wir in Koblenz von einer alten Scheune erwerben. Dort wurde in mühseliger Handarbeit Stein für Stein abgetragen und in den Hohen Westerwald transportiert, um hier vor Ort seine neue Bestimmung zu finden. Die historischen Fenster und Türen bekamen wir aus einer alten Villa in Wiesbaden. Die übrigen Wände wurden mit Stroh und Lehm verputzt. Alte Eichenbalken dienten als Fachwerk.
Der Steinboden im Eingangs- und Küchenbereich wurde im nahen Wald mit Pickel und Schubkarre zusammen-gesucht. Zum Glück hatte Opa Wendelin noch 30 Jahre alte, gelagerte Eichenbohlen aufbewahrt, aus denen uns der Schreiner einen wunderbaren Holzboden im oberen Bereich verlegte und eine Innentreppe zimmerte.

Fenster aus einer alten Villa in Wiesbaden

Der Grundstein für eine kleine aber feine Fromagerie ist gesetzt

Die Inneneinrichtung kombinierten wir aus alten und zum Teil neuen Möbeln und Accessoires und teilten die Räumlichkeiten in verschiedene Bereiche ein. So sitzen die Gäste der „Sinfonie der Sinne" einmal in einem historischen Bett mit Waschtisch, Wärmflasche und Bettpfanne oder in der guten Stube mit Nähmaschine, Spinnrad und einer gezimmerten Puppenstube von Uropa Alois. Gekocht wird auf einem Holzofen, der auch für die gemütliche Wärme im „alten Haus" sorgt. Ja, ich war zufrieden, so hatte ich es mir vorgestellt, so könnte es früher gewesen sein, ein altes Bauernhaus!
Für den Innenhof konnten wir aus der Gaststätte unseres Dorfes wunderschöne rote und grüne Holztische und Stühle bekommen, welche dem Ganzen das richtige Flair geben. Aus roten Feldbrandsteinen wird nun noch ein „Backes" gebaut, in dem wir unser eigenes Brot und andere Köstlichkeiten backen werden. Ja, wir sind nun mal keine ganz normale Familie, oder doch? Nur weil wir das schöne Traditionelle erhalten oder wieder neu aufbauen wollen, sind wir doch normal! Unsere Gäste danken es uns und kommen aus ganz Deutschland und mittlerweile sogar auch aus dem Ausland, um in den alten Stuben und bei schönem Wetter im Innenhof umgeben von Lavendel, Kräutern und Weinstöcken unsere Käse-Weinverkostung zu genießen.

Meinem Gefühl folgend habe ich Stil, Linien und die Farben, die ich vor Augen hatte, umgesetzt. Es bestätigt mich jedes Mal aufs Neue, wenn unsere Gäste so begeistert sind. Wir sind auf dem richtigen Weg und lassen auch andere Menschen an unseren alten Traditionen teilhaben. Hier ist die Behaglichkeit zu Gast.
Nach den Veranstaltungen gehe ich immer sehr zufrieden ins Bett, denn die schönen Komplimente, die uns gemacht werden, zum Ambiente, zum Essen, besonders zum Ziegenkäse und natürlich zu den tollen Ziegen, lassen mich wunderbar einschlummern.

"Ja, ich bin zufrieden, so hatte ich es mir vorgestellt."

Ziegenkäse-Quiche

Für ca. 12 kleine Quiche

200g Mehl, 100g Butter, etwas Salz, 80 ml Wasser, 100g Ziegenfeta, 60g Tomaten, frischer Basilikum, 2 Eier, 120 ml Sahne, Olivenöl

***

Kneten Sie mit den Händen aus dem Mehl, Butter, Salz und Wasser einen Mürbeteig und stellen ihn kühl. Die klein geschnittenen Tomaten mit dem zerdrückten Ziegenfeta mischen. Den Teig auf einer bemehlten Arbeitsfläche ausrollen und mit einem Ausstecher (ca. 8-9 cm) Kreise ausstechen und in kleine gefettete Förmchen geben. Belegen Sie den Teig mit der Ziegenkäse-Tomatenmasse.
Die Eier mit der Sahne, etwas Salz und Pfeffer verquirlen und den gehackten Basilikum unterrühren. Die Eiermasse über die Quichetörtchen geben und bei 200 Grad 15-20 Min. backen.

Tipp: Anstatt der Tomaten, können Sie jedes andere mediterrane Gemüse verwenden.

Weinempfehlung: Die Beziehung zwischen Käse und Wein muss stimmen, daher empfehle ich zu dieser würzigen Ziegenkäse-Quiche einen kräftigen trockenen Weißwein. Ein Kerner, er ist ein rassig, würziger Weißwein, strohgelb und mit grünen Reflexen. Er ist zart im Geruch, trocken und voll im Geschmack mit Muskattönen.

Genuss im Bruchsteinhaus à la Bauernmuseum

Käse – Träumereien

200 g Ziegenfrischkäse, 200 g Schlagsahne, 1 Tütchen Vanillezucker, 1 Vanilleschote, 200 g frische Brombeeren, 100 ml Holundersaft, etwas Rum, 50 g brauner Zucker, Zimt, Sternanis, Kardamon

***

Die Schlagsahne mit dem Vanillezucker aufschlagen, unter den Ziegenfrischkäse heben und das Mark der Vanilleschote unterrühren. Aus der Masse kleine Nockerln formen und in die Kühlung stellen. Zu dem Holundersaft etwas Rum, den Zucker und die Gewürze geben und solange köcheln lassen, bis der Zucker sich aufgelöst hat. Die Brombeeren für 5 Minuten in dem Holunderlikörwein erwärmen und dann durch ein Sieb abgießen. Den Saft abkühlen. Servieren Sie die Ziegenkäsenockerln zu den warmen Brombeeren und geben etwas Holunderlikör darüber.

Tipp: Das Rezept für den Holunderlikörwein ist natürlich auch wunderbar zum Trinken an kühlen Winterabenden geeignet. Er hilft jedoch auch besonders gegen Erkältungskrankheiten.

Weinempfehlung: Natürlich ein Holunderlikörwein oder ein Dessertwein wie z.B. ein Gewürztraminer oder eine Huxelrebe.

Mirabellentarte

Für die Tarte: 250 g Mehl, 125 g Butter, 1 Tl Salz, 60 g Zucker, 2 El Wasser, 1 Eigelb, 200 g Ziegenfrischkäse, 500 g Mirabellen
Für den Guß: 100 g Zucker, 1 Tütchen Vanillezucker, 75 g Butter, 2 El Milch, 100 g gehackte Walnüsse

***

Geben Sie Mehl, Butter, Salz, Zucker, Wasser und ein Eigelb in eine Rührschüssel und kneten alles zusammen zu einem festen Teig. Den Teig in eine Frischhaltefolie schlagen und für eine halbe Stunde in den Kühlschrank legen. Fetten Sie eine Tarteform mit Butter ein und verteilen den Teig bis zum oberen Rand der Form und geben dann den Frischkäse auf den Boden. Die entsteinten Mirabellen auf den Frischkäse legen. Für den Guß den Zucker mit Vanillezucker und Butter in einer Pfanne zum Schmelzen bringen, die Milch unterrühren und die Walnüsse hinzugeben. Verteilen Sie den Guß über den Mirabellen und geben die Tarte für ca. 50 Minuten bei 180 Grad in den Ofen.

Tipp: Super lecker schmeckt die Tarte auch mit Pflaumen, Brombeeren, Erdbeeren oder Heidelbeeren.

Weinempfehlung: Dazu passt ein Sauvignon Blanc, ein frischer, fruchtiger Weißwein, welcher gut mit Früchten harmoniert.

Ne rêve pas ta vie, mais vis tes rêves

TRÄUME NICHT DEIN LEBEN, SONDERN LEBE DEINEN TRAUM. Mein Mann und ich sind auch heute noch beide berufstätig, trotzdem haben wir es geschafft. Wir sind Teilzeitaussteiger. Wir lieben beide unseren Beruf und trotzdem können wir ein Leben leben wie früher, mit unserer Familie und den Ziegen. Morgens sportlich elegant ins Büro und mittags mit den Gummistiefeln in den Stall. Ich glaube gerade dieser grundsätzliche Gegensatz, in zwei so unterschiedlichen Welten zu leben, das macht es für uns aus, um glücklich zu sein.

Wir haben uns unseren Traum erfüllt. Nein, wir sind immer noch dabei, denn das Schlimme oder besser gesagt das Gute ist, die Ideen und Träume gehen uns nicht aus. Wenn man mit Liebe etwas angeht, so gesellt sich schnell das Glück hinzu.

Die erste Heuernte

Im Jahr 2011 haben wir die ersten gebrauchten Landmaschinen gekauft, weitere Grundstücke erworben oder gepachtet. Es wurde das erste eigene Heu für unsere Ziegen geerntet.

Die erste Heuernte war ein Traum – ein harter, aber dennoch schöner Traum. Wir haben nicht die modernen Landmaschinen wie die anderen Bauern von heute. Nein, es wurde noch sehr viel mit der Hand und dem Heurechen gearbeitet. Traditionell wie es früher war, in Kittelschürzen und Kopftüchern von Josefine und Adelheid, mit Bollerwagen und Rechen auf der Schulter ging es auf die Weide.

Die Brotzeit zwischen frisch gemähtem Heu hat uns für die schwere Arbeit entschädigt. Frisches Wasser aus dem Lasterbach zum Waschen und alles war perfekt.

Wer hätte das gedacht? Mutter und Sohn im Jahr 2011.

"Es ist eine ganz andere Welt hier draußen, die Stille und die Natur sind einfach wunderbar." Elke Seltz

Im Hintergrund ist die Kirche St. Peter und Paul zu sehen.

Es gab „Muckefuck" (Gerstenkaffee) dazu selbstgebackenes Brot mit Ziegenbutter, Quetschekraut (Pflaumenmus) und Ziegenkäse. Diese Köstlichkeiten während der anstrengenden Arbeit in freier Natur zu genießen, das war es, was uns wieder Kraft und Motivation gegeben hat.

Für 6 Personen:
500 g Mehl
1/2 Würfel Hefe
1/8 l Milch
1/2 TL Zucker
1 gehäufter TL Salz
100 g Ziegenfrischkäse
Schmalz zum Ausbacken
Knoblauch
frischer Rosmarin

Frittierte Ziegenfladen
warm oder kalt servieren.

Frittierte Ziegenfladen

Für 6 Personen: 500 g Mehl, 1/2 Würfel Hefe, 1/8 l Milch, 1/2 Tl Zucker, 1 gehäufter Tl Salz, 100 g Ziegenfrischkäse, Schmalz zum Ausbacken, Knoblauch, frischer Rosmarin

***

Geben Sie das Mehl in eine Schüssel. In die Vertiefung in der Mitte die Hefe mit der warmen Milch, dem Zucker und dem Salz unterrühren. Heben Sie nun den Frischkäse unter bis ein geschmeidiger Teig entsteht. Die Schüssel mit einem Tuch abdecken und für 1 Stunde an einen warmen Platz stellen.

Den Teig auf einer bemehlten Arbeitsfläche durchkneten, faustgroße Stücke abtrennen und auf der Arbeitsfläche glatt drücken.

Die Ziegenfladen in heißem Schmalz ausbacken, anschließend mit frischgepresstem Knoblauch bestreuen und mit einem Rosmarinzweig garnieren.

Tipp: Zu den Ziegenfladen passt ein knackiger Salat verfeinert mit Wildkräutern.

Weinempfehlung: „Grüner Veltliner" – er leuchtet strohgelb im Glas und ist ein ideales Gegenstück zu den goldgelb gebackenen Ziegenfladen.

Westerwälder Eierkäs

6 Eier, 1/2 l Ziegenmilch oder Kuhmilch, 1 Tl Salz, 2 Tl Zucker

***

Geben Sie alle Zutaten in ein 1-Liter-Einkochglas und verquirlen alles gut miteinander. Das Glas im Wasserbad auf mittlerer Stufe für 40 Min. stocken lassen. Danach in eine Eierkäsform geben und für mehrere Stunden in den Kühlschrank stellen. Den Eierkäs auf eine Platte stürzen und mit Rosinenstute oder Weißbrot und Butter servieren.

Tipp: Als süße Variante den Eierkäs mit Zimt und Zucker bestreuen und einen dampfenden Muckefuck (Gerstenkaffee) dazu trinken.
Weinempfehlung: Zur süßen Variante reichen Sie einen Dessertwein. Zur herzhaften Variante einen grünen Silvaner mit herrlich frischen Aromen von Zitrone, Minze und Heu. Er ist der ideale Begleiter zu einem Westerwälder Eierkäs. Oder einfach einen naturgepressten Apfelsaft.

Ravioli mit Ricotta-Ruccolapesto

400g Mehl, ersatzweise 200g Hartweizengrieß und 200g Weizenmehl, 2 Eier, Salz, 100 ml Wasser, 250g Ricotta, 100g Pinienkerne, 50g Cocktailtomaten, 150g Butter, Salz, Pfeffer, 250g Ruccola, 2 Knoblauchzehen, Olivenöl, geriebener Parmesan

***

Aus dem Mehl, Eiern, Wasser und Salz einen geschmeidigen Nudelteig kneten. Teig für ca. 30 Min. ruhen lassen. Inzwischen die Füllung vorbereiten. Dazu den Ruccola mit Olivenöl, Knoblauch, gerösteten Pinienkernen, Salz, Pfeffer und Parmesan pürieren und den Ricotta hinzugeben. Den Nudelteig ausrollen oder durch eine Nudelmaschine ausrollen und in kleine Quadrate mit einer Zick-Zackrolle schneiden. Die Ruccola-Ricottamasse in kleinen Häufchen auf die Quadrate verteilen und ein Quadrat oben drauf legen und mit einer Gabel an den Rändern zusammendrücken. Anschließend die Ravioli in Salzwasser ca. 5 Minuten kochen. Die Nudeln abschütten und das restliche Ruccolapesto mit den Nudeln verrühren. Die Pestonudeln auf Tellern in einem Ruccola-Nest mit halbierten Cocktailtomaten und gerösteten Pinienkernen anrichten.

Tipp: Die Ravioli können Sie je nach Saison und Laune unterschiedlich mit dem Ricotta füllen, mit Basilikum, Petersilie, Mangold, Salbei, Olivenkraut, etc.

Weinempfehlung: Ein Spätburgunder, sein Bouquet ist sehr verführerisch, er ist sinnlich und oft auch mit Aromen von Rosen, erdigen Tönen sowie Kräutern und Holz behaftet.

Beim Heu aufladen packten alle mit an.

Tiefschwarzer Himmel, kurz vor dem Wolkenbruch.

Es sollte doch 5 Tage trocken bleiben!

Am nächsten Tag begann der Wettlauf mit dem Wetter. Seit Tagen blinkte oben rechts auf dem Bildschirm des Computers das aktuelle Bauernwetter unserer Region. Es sollte doch 5 Tage trocken bleiben! Aber was war das, morgens 6 Uhr, der Himmel war schwarz, das sah nach Regen aus. Mein Sohn Adrian war als erster wach. Er trommelte alle zusammen. Das gepresste Heu von letzter Nacht musste schnell eingefahren werden. Geschafft! Dann kam die Sonne wieder aus den Wolken. Die restlichen Weiden noch mal wenden, auf Schwarte legen und dann pressen. Das Heu war in Reihen gelegt, wir konnten anfangen. Oh Gott, ein Platzregen vom Feinsten!

Noch mal wenden, abtrocknen, wieder auf Schwarte legen und dann kleine Ballen pressen. Wir müssen uns beeilen, der Himmel zieht sich schon wieder zu. Dann passierte das, was nicht hätte passieren dürfen, die Kordel in der Presse war gerissen. Keiner wusste wie man sie neu einfädelt. Das Handbuch zur Heupresse wurde geholt, telefoniert und ausprobiert. Nein, es ging nicht. Es müsste doch so ähnlich einzufädeln sein wie bei einer Nähmaschine?

Endlich, nach einer Stunde, der Himmel war schon tief schwarz. Gleich gibt's ein Gewitter, funktionierte die Heupresse wieder. Jetzt begann der Wettlauf mit der Zeit gegen das Wetter. Ich hatte noch nie gesehen, dass eine Ballenpresse so schnell kleine Heuballen ausspuckte, wie an diesem Nachmittag. Sofort auf die Heuwagen laden und nach Hause bringen, abladen und mit Plane abdecken, denn die geplante Futterhalle stand ja zu diesem Zeitpunkt noch nicht. Den letzten Heuwagen schaffen wir nicht mehr abzuladen. Die Plane noch schnell drüber legen und es rumste und krachte, ein Wolkenbruch, wie wir schon lange keinen mehr erlebt hatten, ging nieder. Hier kann nur Opa Wendelin von oben seine Finger im Spiel gehabt haben. Er hat den Regen solange zurückgehalten, bis das Heu abgedeckt war.

„Die Natur schafft immer von dem, was möglich ist, das Beste".

Aristoteles

sophie genießt es

Egal wie, unsere erste Heuernte war eingefahren und die Ziegen freuten sich riesig im Winter über das gute Westerwälder Heu.

Fromage de chèvre...

Für den Teig:
250 g Dinkelmehl
70 ml Olivenöl
Salz

Für den Belag:
2 kleine Zucchini
1 Fenchelknolle
2 Paprikaschoten
1 rote Zwiebel
1 Knoblauchzehe
3 Frühlingszwiebeln
1 Ei
200 g Ziegenfrischkäse
200 g Sahne
Salz & Pfeffer
Muskat
frische Kräuter der Saison

Ziegenkäsetarte

Für den Teig: 250 g Dinkelmehl, 70 ml Olivenöl, Salz

Für den Belag: 2 kleine Zucchini, 1 Fenchelknolle, 2 Paprikaschoten, 1 rote Zwiebel, 1 Knoblauchzehe, 3 Frühlingszwiebeln, 1 Ei, 200 g Ziegenfrischkäse, 200 g Sahne, Salz, Pfeffer, Muskat, frische Kräuter der Saison

***

Mehl und Olivenöl mit einer Prise Salz und 4 El Eiswasser verkneten. Den Teig nicht zu fest werden lassen. Dann in Frischhaltefolie wickeln und eine Stunde im Kühlschrank ruhen lassen.

Das Gemüse für den Belag fein hacken und in Olivenöl dünsten. Am Schluss mit dem Ei, Salz, Pfeffer, Muskat und fein geschnittenen Kräutern verquirlen. Den Teig für die Tarte ausrollen und in eine gefettete Form legen.

Das gedünstete Gemüse mit dem Frischkäse darauf verteilen. Anschließend 50 Minuten bei 180 Grad im vorgewärmten Ofen backen. Schmeckt am Besten lauwarm.

Tipp: Der Teig für eine Tarte darf nicht zu fest sein, dann lässt er sich leichter in der Form verteilen.

Weinempfehlung: Dazu schmeckt ein Rosé aus der Provence.

Bis zum Winter war es jedoch noch lange und die Ställe für die mittlerwe
Diesmal bauten wir keinen Schuppen mehr an. Nein, wir machten es direkt richtig. und eine Maschinenhalle. Natürlich – wie konnte es anders sein – die Ställe müss die für Lärchenholz typische silbergraue Patina bekommt und somit dieses schö hatten wir alte Ställe, die sich auch optisch an die Landschaft anpassten.

Weißen Deutschen Edelziegen waren schon wieder zu klein.

urden große neue Ställe gebaut. Ein wunderschöner Ziegenstall, eine Futterhalle
aussehen. Es wurde Lärchenholz verwendet, welches je nach Verwitterungsgrad
air von alten Südtiroler Heustadeln hat. Noch etwas Fachwerk dazu und schon

Ziegenhof-Idylle im Westerwald
Bei uns macht jeder gerne Halt
in Oberrod im Westerwald.
Insider wissen es schon lang,
wir Ziegen stehen hier im Hang.
Schneeweiß sind wir – deutscher Adel-
sehr gepflegt und ohne Tadel.
Ihr seht es gleich an unser'm Blick,
das Leben hier bedeutet Glück.
Frisches Grün steht auf den Wiesen,
saftig frisch – wir dies begrüßen.
Futter ist's wirklich vom Feinsten,
auch geeignet für die Kleinsten.
Vierzig Ziegen sind wir zurzeit
und halten frische Milch bereit
für uns're Chefin Claudia,
die Tag und Nacht ist für uns da.
Stellt aus der Milch den Käse her,
die Arbeit ist manchmal sehr schwer.
Viel Neues bringt die Chefin ein,
auch Rosenkäse schmeckt sehr fein.
Lavendelkäse sie kreiert
und Feinschmecker damit verführt.
Sucht stets nach neuem Gaumenschmaus.
Für die Provence, das wissen wir,
hat sie besonderes Gespür.
Man sieht's an der Präsentation
der Waren und Dekoration.
Fühlt sich nach Frankreich oft versetzt,
wenn Accessoires noch eingesetzt.
Zaubert mediterranes Flair
und Urlaubsstimmung auch noch her.
Sogar das Auto muss hier passen,
ein Citroen fährt durch die Gassen.
Klappt man seine Ladenfläche raus,
sieht es nach Fromagerie gleich aus.
Auch bringt noch anderes Gewinne,
man kennt sie, die „Sinfonie der Sinne".
Da feiert man bei Käs' und Wein
und gute Stimmung stellt sich ein.
Ihr seht, all das ist 'ne Idylle,
hier zeigt sich stehts der gute Wille.
Wir fühlen uns zu Dank verpflichtet.
Und haben daher hier berichtet.

Mathilda, Emma, Amelie, Frieda, Anna
und die Leni

Gerhild Decker

Der große Ziegeneinzug in den neuen Ziegenstall.

Endlich Silvester 2011 – es war soweit. Zuerst ungewohnt für die Ziegen in ihrem neuen Zuhause, ja ich glaube, sie hatten ganz schön Angst vor dem neuen Stall. Im Schweinsgalopp oder besser gesagt im Ziegengalopp nahmen sie Reißaus und zurück ging's in die alten Ställe, denn da fühlte man sich doch eher geborgen. Beim zweiten Anlauf fanden auch die Ziegen, dass es ein schönes, kuscheliges und vor allen Dingen großes und gemütliches Heim geworden ist, wo man sich durchaus wohl fühlen kann.

Ein Ziegenstall muss den Menschen neugierig machen. Er muss sich fragen, was als Nächstes kommt. Leben mit alten Traditionen und neuen Herausforderungen, das ist unser Motto. Wenn man mit dem Herzen dabei ist, merkt man wann sich ein Tier wohlfühlt und wann nicht. Kommen Sie doch einfach selbst vorbei und überzeugen Sie sich, wie schön es unsere Ziegen im Hohen Westerwald haben.

Zickige Dessertbirne

Für zwei Personen:

1 große Birne, Ziegenfrischkäse, Preiselbeeren, 2 El Zucker, 1 Stk. Butter, 50 ml Rotwein, 2 El Pinienkerne, 1 Zweig Thymian, 6 getrocknete Feigen mit oder ohne Stiel

***

1.Zucker mit der Butter in der Pfanne karamellisieren, mit dem Rotwein ablöschen und die längsgeteilte Birne mit den Feigen dazugeben. Die Pfanne für 10 Min. bei 150 Grad in den Ofen stellen.

2. Die Pinienkerne ohne Fett in einer kleinen Pfanne rösten.

3. Aus dem Ziegenfrischkäse kleine Bällchen formen und mit den fruchtigen Preiselbeeren, den gerösteten Pinienkernen und einem Thymianzweig auf die Birnen geben. Die zickigen Birnen nun für ca. 3 Min. nochmals in den Ofen stellen.

Tipp: Coole Variation – servieren Sie zu den Birnen ein Bällchen Vanilleeis und Sie schmelzen dahin.
Weinempfehlung: Genießen Sie einen „heiligen" Wein dazu – einen Vin Santo.

Ziegenprinzessin Henriette

Im Jahr 2012 war die Geburt und damit gleichzeitig die Entstehung der „Ziegenprinzessin“.

Zu einer „Ziegenprinzessin“ gehört natürlich auch zwangsläufig die „Zickenprinzessin.“ Es gibt keine Ziege, die keine Zicke ist. Es gibt keine Prinzessin, die nicht auch mal eine kleine Zicke ist.

s gab gleich zwei kleine Prinzes-
nnen im Jahr 2012. Unsere kleine
Paula", die Tochter von Sabrina, der
reundin unseres ältesten Sohnes
aniel, eine kleine lockige Prinzessin
nit braunen Augen. Dann wurde die
leine Henriette geboren, sie war so
lein, so weiß und so schön wie eine
rinzessin im Märchen, im Ziegen-
närchen.

Hoppla, wo bin ich denn hier gelandet? Ich liege auf güldenem Stroh, alle schauen mich mit ihren großen Augen an. Sie sind alle weiß, ja so weiß wie ich, nachdem Mama mich sauber geleckt hat. Meine Mama ist auch weiß. Sie ist wunderschön, wie sie mich anlächelt und liebevoll küsst, wie eine Ziegenkönigin. Ja, so kann nur eine Königin aussehen. Aber, wenn Mama eine Ziegenkönigin ist, dann bin ich ja eine Prinzessin. Eine echte kleine Ziegenprinzessin und ich liege nicht auf Stroh, nein, es ist bestimmt frisch gesponnenes Gold! Prinzessin „Henriette", das bin ich.

Henriette, die kleine „Prinzessin" im Ziegenstall. Paula die kleine „Prinzessin" in der Familie. Zwei kleine Prinzessinnen und zwei kleine Zicken zugleich.

Die Ziegenprinzessin der kleinen Fromagerie berichtet:

*Ich bin die Ziegenprinzessin von Oberrod
und lebe hier so recht kommod.
Seht nur mein Fell, so weiß und edel,
bin fürwahr ein hübsches Mädel!
Verzaubre jeden mit meinen Augen
und mit Beinchen, die zum Springen taugen.
Stolz bin ich, hier zu Haus zu sein,
mein Umfeld ist sehr schön und fein.
Die Claudia umhegt mich sehr,
stellt „nebenbei" auch Käse her.
Hier gibt's noch viele andre Ziegen,
die muss man einfach alle lieben!
Nicht alles kann ich doch verstehn,
weiß nicht, woran die Menschen „drehn",
dass aus so manchem Ziegenbauch
Milch herauskommt zum Hausgebrauch.
Bei mir find ich da keine Stelle
– allenfalls eine kleine Delle!
Die Ziegenjungs sind ziemlich bockig,
bei einem ist das Fell schön lockig,
dies Böckchen hat's mir angetan,
mit dem fang ich zu flirten an!
Doch jetzt leg ich mich wieder hin,
nach Schlafen steht mir nun der Sinn!
Kusch'le warm unter Infrarot,
auch das gibt's hier in Oberrod!
Nun mach ich meine Augen zu.
Ihr Menschen, lasst mich jetzt in Ruh!!!!!*

Gerhild Decker

Die neue
Ziegenprinzessin-
und Zickenprinzessin-
Kollektion

Im Frühjahr

Es ist die Zeit, in der die Natur am schnellsten und prächtigsten gedeiht. Im zeitigen Frühjahr, fast noch Winter, da wimmelt es im Stall nur so von kleinen Zicklein. Eines schöner als das andere und bald schon eins zickiger als das andere. Die Ablammställe sind ständig belegt, es geht Geburt um Geburt. Meist Freud, ab und zu auch Leid, denn ohne Leid geht es nicht immer. Es ist eine turbulente Zeit für die Ziegen und auch für uns. Es ist aber auch die schönste Zeit, neues Leben erwacht aus dem Winterschlaf. Der Stall lebt – Arbeit fast rund um die Uhr. Alles steht hinten an, vorrangig ist, die Ziegenmütter und ihre Kleinen zu versorgen. Kontrollieren ob alle gesund sind, den kleinen Zicklein helfen, wenn sie nicht wissen, wo es die gute Ziegenmilch von Mama gibt. Den Müttern von Drillingen oder im schlimmsten Fall Vierlingen helfen ihre Bande satt zu bekommen und und und…

Selbst Ziehvater Paul hat dann alle Pfoten voll zu tun. Die allerkleinsten und schwächsten Ziegenbabys kommen zu uns nach Hause und werden stündlich mit der Flasche versorgt. Ziegenhund Paul genießt dies im wahrsten Sinne des Wortes. Jeder Tropfen Milch, den das Zicklein noch an sich haften hat, wird mit seiner Zunge sorgfältig abgeleckt. Danach legt er sich mit dem Kleinen hin und spendet ihm Wärme und Geborgenheit. Die heftigste Zeit ist vorbei, wenn die Kleinen das erste Heu knabbern. Luft holen, es geht bergauf, wir haben wieder mehr Zeit. Es gibt die erste frische Ziegenmilch des Jahres. Der erste Ziegenkäse wird produziert.
Die Arbeiten im Garten und auf dem Feld beginnen. Die ersten Sonnenstrahlen erleichtern die Arbeit, der Winter ist vorbei. Die Zeit neuen Lebens beginnt. Es muss gesät und gepflanzt werden. Zäune müssen gestellt und repariert, die Weiden hergerichtet werden. Obstbäume werden im zeitigen Frühjahr, fast noch im Winter, zurückgeschnitten. Morgens und abends melken im Ziegenstall, um die rein weiße Milch der Ziegen zu köstlichem Ziegenkäse verarbeiten zu können.

Anastasia, Lucia und Anton freuen sich schon, wenn es im Frühling endlich auf die Weide geht.

Ziegenkäse – Blütenduft nach Camembert-Art

Bunte Wiesenblumen veredeln diesen Ziegenkäse. Holen Sie sich, den Frühling ins Haus.

Lachsröllchen auf Ziegenfrischkäse-Nockerln

Wildräucherlachs in Scheiben, Ziegenfrischkäse, frischer Dill,
geriebener Meerrettich, 1 Limette, Salz, Pfeffer

***

Dill fein hacken und mit Ziegenfrischkäse verrühren. Mit Salz, Pfeffer und Meerrettich abschmecken. Die Ziegenfrischkäsemasse mit 2 Teelöffeln zu kleinen Nockerln formen und auf einem Amuse-Gueule-Löffel anrichten. Die Lachsscheiben zu dünnen Röllchen formen und auf den Nockerln platzieren. Mit Limettensaft beträufeln und einer Limettenscheibe und Dill garnieren. Zum Apéritif servieren.

Servieren Sie zu dem Apéritif einen fruchtigen und im Abgang scharfen Ingwer-Apéritifwein.

Tipp: Dieses Gericht eignet sich zum Stehempfang als Flyingfood.

Der Sommer

Bonjour Westerwald! So schmeckt der Sommer... Genießen Sie den Sommer mit all ihren Sinnen.
Ist es nicht schön, wenn Sie durch Felder und Wiesen gehen und Ihnen kommt dieser wunderbare „Heuduft" entgegen? Wilder Thymian duftet fein herb am Wegesrand, gepaart mit dem honigsüßen Duft von Mädesüß. Die Vögel zwitschern ein Sommerlied von den Zweigen der Apfelbäume. Wenn sich die Düfte von Lavendel, Salbei und reifen Trauben in der Abendsonne vereinen, beginnt die Zeit vom Alltag in den idyllischen Sommerabend abzutauchen. Dann sind wir ganz verliebt in die französische Lebensart im Westerwald.
Das kleine Frankreich liegt im Westerwald!

Ziegenkäse – Heuduft nach Camembert-Art

Frisches Heu mit Heublumen geben dem Käse sein fein-würziges Aroma, da kann man nicht meckern.

Tortiglioni mit Ziegenfrischkäse

500g Nudeln, Salz und Pfeffer, 50g Westerwälder Diamant (wahlweise Parmesan), 2 kleine rote Zwiebeln, 5 Stiele Salbei, 6 Scheiben Schinkenspeck, 200g Oliven ohne Stein, 2 El Olivenöl, 200g Ziegenfrischkäse, grob gemahlener Pfeffer

***

Nudeln in 4-5 l kochendem Salzwasser nach Packungsanweisung zubereiten. Zwiebeln schälen und in feine Ringe schneiden. Salbei waschen, trockentupfen und die Blättchen abzupfen. Für die Soße Schinkenspeck in große Stücke schneiden und in einer Pfanne ohne Fett knusprig braten. Zwiebeln und Salbei dazugeben und kurz mitbraten. Oliven und 2 El Öl unterrühren.
Nudeln abtropfen lassen, dabei etwas Nudelwasser (ca. 50 ml) im Topf lassen. Nudeln wieder in den Topf geben. Die Soße über die Nudeln geben, den zerteilten Frischkäse leicht unterheben und etwas schmelzen lassen. Nudeln anrichten. Mit grobem Pfeffer und geriebenem Käse bestreuen.

Tipp: Anstelle des Salbeis können Sie auch beliebig andere Kräuter einsetzen.

Weinempfehlung: Wer einen gehaltvollen Wein liebt, der ist mit einem „Lagrein" bestens bedient. Er besticht mit seiner fast schwarzen Farbe und präsentiert sich mit einer aromatischen Frucht.

Der Herbst

Der Herbst ist die vielfältigste Jahreszeit. Die Erntezeit und damit das Haltbarmachen des Obstes und der Feldfrüchte. Weißkohl wird zu Sauerkraut gestampft, Pflaumen zu Pflaumenmus, Äpfel und Birnen zu Saft gepresst, Quitten werden zu Quittenbrot, Bohnen werden eingelegt, Rüben und Gemüse eingekocht, Holunderbeeren zu Saft und Gelee verarbeitet.

Ofenkäse mit Rosmarin im Westerwälder-Tontopf nach Art des französischen Vacherin Mont-d'Or

Cremig und voll im Geschmack zergeht er auf der Zunge. Aromatisiert wird er vor der Zubereitung mit einem Hauch Weißwein.

Herbstbild

Dies ist ein Herbsttag, wie ich keinen sah!
Die Luft ist still, als atmete man kaum,
und dennoch fallen raschelnd, fern und nah,
die schönsten Früchte von jedem Baum.
O stört sie nicht, die Feier der Natur!
Dies ist die Lese, die sie selber hält,
denn heute löst sich von den Zweigen nur,
was vor dem milden Strahl der Sonne fällt.

Friedrich Hebbel

Bohnensalat

Für die Bohnen: Saubohnen (Dicke Bohnen), Feuerbohnen, frisches Bohnenkraut

Für die Vinaigrette: Olivenöl, Kürbiskernöl, Balsamico-Essig, Holunder-Essig, Löwenzahnhonig, 1 Zwiebel, Frühlingszwiebeln, Salz, Pfeffer

***

Sau- und Feuerbohnen über Nacht in Wasser einweichen und mit frischem Bohnenkraut 1 Stunde in ungesalzenem Wasser kochen. Kalt abschrecken. Für die Vinaigrette die Zwiebel und die Frühlingszwiebeln fein hacken und gut mit den übrigen Zutaten vermischen. Das Öl zuletzt hinzugeben. Die abgekühlten Bohnen in die Vinaigrette geben und unterrühren. Zum Schluss mit Blüten aus dem Garten dekorieren.

Tipp: Verfeinern Sie den Bohnensalat mit gezupftem Ziegenkäse.

Weinempfehlung:
Zu einem geschmacksintensiven Gericht wie dem Bohnensalat mit Ziegenkäse schmeckt ein robuster und intensiver Rotwein. Wie wär's mit einem Bordeaux St. Emilion? Er harmonisiert perfekt mit den zickigen Westerwälder Saubohnen.

Der Winter

Es gab Schnee im November und wie es immer so ist, da konnten wir ihn eigentlich noch nicht gebrauchen. 29. November 2012, sechs Uhr morgens, eine Anlieferung von 120 Obstbäumen aus dem „Alten Land“, woher sonst? Für heute war Frost und der erste Schnee angesagt, aber die Bäume mussten noch vorher in die Erde. Bei Schneegraupeln am frühen Morgen haben wir im Akkord gearbeitet und die Bäume, mit geflochtenen Hasendrahtkörben um die Ballen, in die Erde gebracht. Um 20 Uhr waren wir fertig mit dem Pflanzen. In der Nacht gab es Frost und am nächsten Tag Schnee, Schnee und noch mal Schnee. Ein Wintermärchen im Westerwald.

Der berühmt-berüchtigte westerwälder Wind weht eisig über die Landschaft. Die Seen sind zugefroren. Besonders von Dezember bis weit in den Februar hat der Westerwald mit einem Schneekleid durchaus seine besonderen Reize. Man muss sie genießen, die traumhafte Kulisse der winterlichen Ruhe des hohen Westerwaldes!

Ofenkäse in Tannenrinde gereift

Der Duft von Tannenrinde gibt dem warmen Ziegenkäse ein erdiges Bouquet, gepaart mit würzigem Pfeffer und roten Pfefferbeeren.

Maronensuppe mit Frischkäse und Chilischokolade

500 g gekochte Maronen, 1 gelbe Steckrübe, 1 Zwiebel, 1 Frühlingszwiebel, 500 ml Gemüsebrühe, Salz, Pfeffer, 1/2 Chilischote, 100 g Ziegenfrischkäse, 10 g Chilischokolade, Schokoladenchips, Butter

***

Zwiebel und Frühlingszwiebel kleinschneiden und in guter Butter andünsten. Mit Gemüsebrühe ablöschen und mit Salz, Pfeffer und Chili würzen. Die kleingeschnittene Steckrübe dazugeben und ca. 15 Minuten später die Maronen. Das Ganze etwa 10 Minuten köcheln lassen. Den Suppentopf vom Herd nehmen und die Suppe fein pürieren. Servieren Sie die Maronensuppe mit einem Klecks frischem Ziegenkäse und reiben etwas Chilischokolade darüber. Mit Schokoladenchips garnieren Sie die Suppe.

Tipp: Genießen Sie die Maronensuppe mit Freunden in der herbstlichen Zeit. Verwenden Sie dazu frische Maronen, schlitzen diese kreuzweise an der flachen Seite ein und rösten Sie sie am offenen Feuer in einer Gusspfanne, oder in einem Maronenröster. Danach die Suppe in einem Suppentopf über dem offenen Feuer zubereiten. Es macht Spaß, einmal im Freien zu kochen bei herbstlichen Temperaturen. Genießen Sie mit Ihren Gästen vorab die gerösteten Maronen als Vorspeise.

Weinempfehlung: Ein Shiraz wie eine gereifte Leidenschaft mit fruchtig-würzig, abgepufferter Säure und einem feinen Schokoladenaroma.

Suppenduett

Für die Camembertsuppe: 250 g Ziegencamembert, 1 Zwiebel, Knoblauchzehe, 2 El Butter, 2 El Mehl, 200 ml trockener Weißwein, 200 ml Gemüsebrühe, Salz, Pfeffer, Thymian

Für die Spinatsuppe: 250 g frischer Spinat, 200 g frische Erbsen, 1 Zwiebel, 1 Knoblauchzehe, 2 El Butter, 2 El Mehl, 500 ml Gemüsebrühe, Salz, Pfeffer, 100 g Ziegenfrischkäse

***

Für beide Suppen die kleingeschnittenen Zwiebeln und Knoblauchzehen in der Butter glasig dünsten, mit Mehl bestäuben und mit Gemüsebrühe (Spinatsuppe) und Weißwein (Camembertsuppe) ablöschen. Beide Suppen kurz einköcheln lassen und zu der Camembertsuppe nun auch die Gemüsebrühe geben sowie den kleingeschnittenen Camembert. Bei niedrigster Temperatur und unter Rühren auf dem Herd stehen lassen. Den Spinat waschen und kurz in Salzwasser blanchieren. Im Anschluss klein schneiden und mit den Erbsen in den Suppentopf geben und weichkochen. Beide Suppen mit Salz und Pfeffer würzen. Die Spinatsuppe nach ca. 20 Min. pürieren. Den Ziegenfrischkäse zu kleinen Bällchen formen und mittig auf der Spinatsuppe platzieren. Nachdem der Camembert geschmolzen ist, etwas frischen, kleingezupften Thymian hinzugeben und beide Suppen servieren. Reichen Sie dazu ein frisches Bauernbrot mit Butter.

Weinempfehlung: Zwei Suppen für die Seele und einen spritzigen Riesling für den Geist.

„Wir freuen uns im Winter über das seidige, trockene Heu mit gepressten Blüten und Kräutern des Westerwaldes. Es schmeckt aromatisch und würzig. Die Sonderration Heu und Rüben am heiligen Abend kann uns schon mal zum Meckern bringen. Meckern, was immer das bedeuten soll, es bleibt unser Geheimnis...

Eure Emma

Das Jahr geht zu Ende, auch in der kleinen Fromagerie wird es ruhiger und besinnlicher. Die Zeit der langen Winterabende ist da, das stürmische Schneetreiben um Haus und Hof, es ist die Zeit der inneren Ruhe, die Einkehr für Mensch und Tier.

Am Heiligabend nach der Christmette gehen wir mit der ganzen Familie zum Ziegenstall und räuchern mit Weihrauch die Ställe aus. Ein alter Brauch, er soll Gesundheit und Glück für die Tiere im Stall bringen und ein gutes neues Jahr verheißen. Die Ziegen bekommen noch mal eine extra gute Portion Futter an Heiligabend.

Man sagt, dass dann die Tiere in der heiligen Nacht sprechen. Es wird wohl das Geheimnis unserer Ziegen bleiben.

Keule vom jungen Ziegenböckchen

1 Ziegenkeule, 1 l Milch, Olivenöl, Rosmarin, Thymian, Knoblauch, Gemüsebrühe, Bouquet garni (Kräutersträußchen)

***

Die Ziegenkeule in Öl, Rosmarin, Thymian und Knoblauch mehrere Stunden marinieren. Das Fleisch von allen Seiten salzen, pfeffern, anbraten und mit Gemüsebrühe ablöschen. Die Milch angießen und das Bouquet garni (z.B. Salbei, Rosmarin, Thymian, Lorbeer) dazugeben.

Die Keule im geschlossenen Bräter 1 1/2 Stunden bei 180 Grad im Backofen garen.

Tipp: Eine zarte Ziege braucht einen Tag zum Marinieren.

Weinempfehlung: Barolo – einer der edelsten Rotweine, ein Mythos unter Weinfreunden.

Es war einmal...

Lust auf Landleben

Im zeitigen Frühjahr 2013 beginnen wir direkt mit mehreren Bauvorhaben. Was ist ein Bauernhof ohne Schweine, Hühner, Gänse und Enten? Wenn wir uns in absehbarer Zeit einmal selbst versorgen möchten, benötigen wir auch diese Tiere. Die Schweine dienen uns als perfekte Verwerter des Abfallproduktes Molke beim Käsen. Molke mit ihren wertvollen Inhaltsstoffen ist ein gutes Zubrot für die Aufzucht von Schweinen. Somit schließt sich auch hier wieder der Kreislauf in der Landwirtschaft. Hühner, die in artgerechter Haltung leben, sind ganz wichtig um mit Genuss ein gutes Ei essen zu können. Die Schweine, Gänse und Enten dienen uns für den Verzehr von antibiotikafreiem Fleisch. Diese Tiere, ebenso wie die jungen Ziegenböckchen, welche bei uns nach einem Vierteljahr geschlachtet werden, leben in einer mehr als artgerechten Tierhaltung auf unserem Hof.

Ich finde, es ist an der Zeit, sich wieder mehr zurückzubesinnen. So zu leben wie früher, ist zwar in dieser Form wie sie früher einmal war, nicht mehr möglich, aber wenigstens sollte das, was uns unsere Vorfahren gelehrt und vorgelebt haben, nicht in Vergessenheit geraten. Es wäre zu schade, denn sonst sterben irgendwann die alten Traditionen aus. Es ist unsere Pflicht diese wieder aufleben zu lassen und in gewisser Form zu erhalten.

Wir müssen versuchen, jeder auf seine eigene Art und Weise und jeder seinen Möglichkeiten entsprechend, unsere Nahrung selbst anzubauen oder zumindest die Bauern und Produzenten solcher hochwertigen und gesunden Produkte zu unterstützen. Die meisten unserer Nachkommen wissen ja schon gar nicht mehr wie natürliche Lebensmittel schmecken.

„Es braucht zu allem ein Entschließen, selbst zum Genießen."

Eduard von Bauernfeld

Selbstangebautes Gemüse und
Obst schmeckt doch am Besten.

Man ist, was man isst

Durch den heutzutage vielfach verbreiteten „Glutamatgaumen" schmecken den meisten Menschen die natürlichen Lebensmittel nicht mehr. Sie kennen es einfach nicht anders. Ständig gewöhnt an Fertigprodukte und chemisch haltbar gemachte Lebensmittel. Nehmen wir nur das Beispiel Käse. Industriell hergestellter Käse hat einen süßlichen Geschmack. Wenn man nur dieses Aroma kennt und dann einen echten, mit Hand und Herz gefertigten Naturkäse isst, ist es ein ernstzunehmender Unterschied. Die Kenner und Gourmets unter Ihnen wissen, was ich meine. Der Naturkäse schmeckt noch nach Käse. Er hat seinen unverfälschten Eigengeschmack. So soll Käse schmecken! Man ist, was man isst!
Ich brauche Ihnen hier nicht die ganzen Lebensmittelskandale der letzten Jahrzehnte aufzuzählen, wir kennen sie alle. Jedoch werden sie oft nach Wochen der Veröffentlichung wieder verdrängt, denn es ist ja nun mal einfacher und bequemer die Lebensmittel zu kaufen, als sie selbst anzubauen.
Wer aber einen eigenen Garten hat oder eigenes Nutzvieh, der weiß wie erfüllend und zugleich schmackhaft es ist, aus diesen guten Zutaten ein besonderes Essen auf den Tisch zu bringen. Es ist tatsächlich so. Im Frühjahr in der warmen Mai-Sonne den Garten vorzubereiten, den Samen in die Erde zu bringen und zu warten bis die ersten Triebe wachsen. Das ist erfüllend und zugleich effektiv. Ein altes chinesisches Sprichwort sagt:

„Schaff dir einen Garten an und du bist ein Leben lang glücklich."

Die Freude, die ich jedes Mal habe, wenn das erste Grün oder die ersten Blüten aus der Erde kommen, ist unbeschreiblich. Dann das Ernten von Salat, Gemüse, Kräutern, Blüten und Obst. Es schmeckt so natürlich, so erdig und vollkommen. Wenn man solch gute Zutaten für ein Menü verwendet, ist das Lob auf der Seite des Kochs. Vor allem haben Sie einen dreifach positiven Effekt bei der Arbeit im Garten. Sie können eine gute Qualität an Lebensmitteln ernten und zugleich tun Sie etwas für die körperliche Fitness; nicht zu verachten ist die positive Wirkung auf Geist und Seele.
Arbeiten in und mit der Natur, gepaart mit viel frischer Luft, macht Spaß. Die frisch erwachte Gartenlust treibt uns hinaus in die Natur. Wenn Sie die Möglichkeit haben, einen Garten zu bewirtschaften, dann tun Sie es. Sie werden es nicht bereuen. Sollte es Ihnen wirklich keinen Spaß machen, dann hören Sie einfach wieder auf. Nur, wer nie etwas wagt, der kann auch nichts gewinnen. Hobbymäßig ist alles erlaubt, es ist ihr Reich, ihre Verantwortung und ihr Lohn, den Sie ernten werden.

Himmlisch fruchtig mit
einem Hauch von Ziege

„Sünde im Töpfchen"
Ziegenmousse auf Mangocreme

Für die Mangocreme: 2 frische Mangos, 50 ml Kokosmilch, 50 g Zucker, 2 El Limettensaft, Physalis, Zitronenmelisse
Für das Ziegenmousse: 150 g Quark, 100 g Ziegenjoghurt, 100 ml Sahne, 100 g weiße Schokolade, gehackte Mandeln

***

Die Mangos schälen und das Fruchtfleisch vom Kern schneiden. Die Mangostücke in ein hohes Rührgefäß geben, den Zucker, die Kokosmilch und den Limettensaft hinzugeben und pürieren. Ca. 2 Std. kalt stellen. Geben Sie nun die Schokolade in ein Wasserbad zum Schmelzen. Zwischenzeitlich verrühren Sie den Quark und den Ziegenjoghurt mit der flüssigen Sahne. Wenn die Schokolade geschmolzen ist, heben Sie diese unter die Quarkcreme und stellen sie ebenfalls kühl. Füllen Sie nun zuerst etwa 1/3 Mangocreme in Dessertgläser und dann 2/3 Ziegenmousse. Die zuvor gerösteten Mandeln auf dem Dessert verteilen und mit einem frischen Zitronenmelisseblatt und einer Physalis garnieren. In der Sommerblütezeit eignen sich zum Garnieren Blüten von der Kapuzinerkresse.

Tipp: Die Mango können Sie je nach Jahreszeit und Belieben durch eine andere Frucht ersetzen. Wenn im Spätsommer die dicken und süßen Septemberpflaumen reif sind, ist es ein wahrer Genuss dieses Dessert mit den Pflaumen vom eigenen Baum zuzubereiten. Ein Gast unserer „Sinfonie der Sinne" sagte im letzten Herbst: „Das ist die Sünde im Töpfchen".

Weinempfehlung: Zu diesem Dessert empfehle ich je nach Fruchtsorte einen Dessertwein wie z.B. einen Ingwerwein, Brombeerwein oder Pflaumenwein.

Die kleine Fromagerie wächst und wächst

Heutzutage Ziegenbäuerin zu werden oder generell in die Landwirtschaft zu gehen ist zwar eine gute Entscheidung, aber auch ein harter Weg. Es ist nicht immer einfach, aber wir haben es nicht bereut. Die positiven Äußerungen und Komplimente unserer Gäste, Kunden und Freunde bestärken uns darin, dass wir auf dem richtigen Weg sind. Es ist unser Weg, den wir gehen wollten, mit allen Hindernissen und Steinen, die wir oft im Weg liegen hatten. Wir sind nicht darüber gestolpert. Nein, wir haben sie aufgehoben und sie haben uns Kraft gegeben unser Ziel weiterzuverfolgen. Die Ideen und Ziele sind noch lange nicht alle verwirklicht. Das Wort „Ziegenhofidylle" ist noch nicht da, wo es angekommen sein soll, daher geht es weiter.
Der nächste große Bauabschnitt im Frühjahr 2013 wird sein, ein altes Bauernhaus mit Nebengebäuden in unmittelbarer Nachbarschaft zu renovieren. Auch dort hat es oberste Priorität, historische Baumaterialien zur Geltung zu bringen. Es soll eine größere Käserei entstehen samt Reiferäumen, Schaukäserei und Verkostungsstube, um unseren Kunden einen kleinen Einblick in die Welt des Käsens und des Genusses vor Ort zu ermöglichen.

Das große Hauptgebäude mit anliegender Scheune wird umgebaut zu einem Bed & Breakfast-Haus für unsere Gäste. Das Jahr 2013 wird länger als alle Jahre vorher. Es muss länger werden als die anderen Jahre, denn der nächste Bauabschnitt ist auch schon in Planung. Ein kleines aber feines Bauernhofmuseum direkt bei den Ziegenställen soll es werden. Dort werden Landmaschinen und Zubehör aus vergangenen Zeiten ausgestellt. Wissen Sie noch was ein Pinn ist? Oder ein Heuzupfer?

Alle meine Ideen will ich Ihnen noch gar nicht verraten, sonst denken Sie wirklich am Ende noch, die ist verrückt. In der Hoffnung und unter der Grundvoraussetzung, dass wir alle gesund bleiben, werden Sie es noch erfahren. Vielleicht in Band Nr. 2.

Sichel
Werkzeug zum Schneiden von Getreide.

Pinn
Wurde beim Setzen von Pflanzen benutzt. Zum Beispiel bei Rübensetzlingen im Feld.

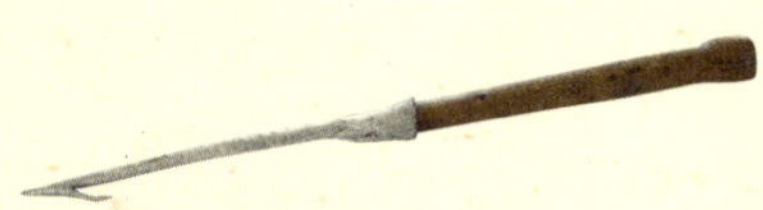

Heuzupfer
Mit diesem Werkzeug wurde Heu für die tägliche Fütterung des Viehs aus der „Heuseite" gerupft.

Schlotterfass
Das Schlotterfass besteht aus einem Kuhhorn. In ihm befand sich Wasser und ein Wetzstein zum Schärfen der Sense.

Ein Dankeschön an die Nachbargemeinde Westernohe, für die schönen traditionellen landwirtschaftlichen Geräte.

„Westerwälder Basaltstein". Nein, das ist unser Ziegenschnittkäse in Pflanzenasche gereift.

Alles Käse...

ODER ZIEGE, ODER WAS?

Renaissance des Ziegenkäses

Ziegenkäse stinkt und schmeckt streng? Nein, das war früher. Dank der Modernisierung und Hygiene im Stall schmeckt Ziegenkäse heute wesentlich milder, aber dennoch auf seine Art besonders – sonst wäre es kein Ziegenkäse.
Der Ziegenbock war allgegenwärtig im Stall und somit auch seine besondere Duftmarke. Früher wurde die Ziegenmilch in den offenen Eimer gemolken. Die frisch gemolkene Ziegenmilch stand manchmal noch eine Stunde und länger im Stall und hat somit natürlich alle Gerüche aufgenommen. Gerüche, welche auch dem Ziegenkäse den strengen Ziegengeschmack verliehen haben. Heute kommt die frisch gemolkene Milch direkt in die Milchkühlung und hat keinen Kontakt mehr mit der Stallluft. Der Ziegenkäse ist dadurch milder geworden und einzigartig im Geschmack.

Der Schwerpunkt meines Buches sind die Ziegen und der Ziegenkäse, sie dürfen hier nicht zu kurz kommen.
Ich kann in dieses Buch keinen echten Käse reinpacken, denn die Haltbarkeitsdauer ist nicht wie bei einem Industriekäse und ich glaube Ihre Familie würde Reißaus nehmen, wenn dieses Buch so vor sich hin duften würde. Trotz allem ist es mein Ziel, wenn Sie dieses Buch lesen, dass Sie mit allen Sinnen sehen, riechen und schmecken. Es soll ein Buch mit Gefühl werden. Ziegenkäse auf dem Teller ist pure Emotion. Sie sollen sich vorstellen können, wie er schmeckt und was es bedeutet einen weißen echten Ziegenkäse zu genießen, wie es duftet im Ziegenstall und sich Landleben anfühlt.

Frisch wie Ziegenkäse und weiß wie die Ziegen,
das ist die Magie der Farbe Weiß
in ihrer schönsten Variation.

Ziege trifft Lamm... mitten ins Herz

10 Lammkoteletts, 50 g Ziegenfrischkäse, 300 g Couscous, 200 g Postelein-Salat, 2 Orangen, 1 Limette, 50 g Koriander, 50 g Pfefferminze, Petersilie, Kresse, 40 g Pinienkerne, Thymian, Rosmarin, Knoblauch, Olivenöl, Balsamico-Essig, Salz, Pfeffer, Honig

***

Legen Sie die Lammkoteletts am Tag zuvor in Olivenöl, Knoblauch, Rosmarin, Thymian, Salz und Pfeffer ein. Stellen Sie abgedeckt in den Kühlschrank. Am nächsten Tag den Couscous in warmem Wasser mit Olivenöl quellen lassen. 1 gepresste Knoblauchzehe, gehackte Pfefferminze, Koriander, Salz und Pfeffer dazugeben. Filetieren Sie eine Orange und geben sie zusammen mit dem Saft einer Limette und Orange zu dem Couscous. Gut durchrühren und ziehen lassen. Für die Vinaigrette Olivenöl, Balsamico-Essig, Kräuter nach Wahl, Salz, Pfeffer und etwas Honig verrühren. Salat waschen und auf die Vinaigrette geben. Die Petersilie und Kresse mit Olivenöl, Knoblauch, Salz, Pfeffer, gerösteten Pinienkernen in die Küchenmaschine geben und zu einem Pesto pürieren. Den Ziegenfrischkäse unter das Pesto heben und die Masse kalt stellen. Die Lammkoteletts von beiden Seiten in einer Gusspfanne kurz anbraten. Das Fleisch in eine gefettete Auflaufform legen und mit dem Pesto bestreichen. Anschließend bei 180 Grad 10 Minuten im Backofen überbacken. Richten Sie alles auf einer großen Platte an.

Weinempfehlung: Châteauneuf-du-Pape... Das Beste zum Besten, der König unter den Rhôneweinen.

Trilogie von der Ziege...

2 le petit Camembert, 2 le petit Ofenkäse in Tannenrinde gereift, 2 kleine Ziegenmünster, 4 Scheiben mageren Schinkenspeck, Honig, frischer Rosmarin, Salbei-Apéritifwein oder Weißwein, frischer Salbei, Lemonöl, Feigensenf, weißer Balsamico-Essig, Salz, Pfeffer, frischer Dill

***

Die 2 le petit Camembert mit jeweils 2 Scheiben Schinkenspeck umhüllen und in zwei kleine Förmchen geben. Die 2 le petit Ofenkäse in der Mitte einschneiden und mit dem Wein beträufeln. Beide Ofenkäse für 10 Min. bei 180 Grad in den Ofen geben. In der Zwischenzeit ein Schlückchen Wein genießen und den Ziegenmünster in kleine Würfel schneiden. Fertigen Sie eine Vinaigrette für den Münsterkäse aus dem Lemonöl (oder Olivenöl mit einem Spritzer frischer Zitrone), etwas Feigensenf, weißem Balsamico, Honig, Salz, Pfeffer und gehacktem Dill an. Servieren Sie den eingelegten Käse in einem kleinen Einweckgläschen zusammen mit den beiden Ofenkäsen auf einer länglichen Platte oder Teller.

Tipp: Trilogie von der Ziege mit geschmacksneutralem Brot zur Vorspeise reichen, oder als Hauptgang mit lila Pellkartoffeln und einem einfachen grünen Salat.
Weinempfehlung: Zur Trilogie harmoniert ein fruchtiger und erfrischender Weißburgunder.

Mit Liebe, Hand und Herz gemacht

Die besonderen Spezialitäten bestehen aus handwerklich hergestellten Produkten, die mit Liebe, Hand und Herz produziert worden sind. Das neue Projekt des Westerwaldes, das im Jahre 2008 ins Leben gerufen wurde heißt „Kräuterwind – Genussreich Westerwald".
Diese Gemeinschaftsinitiative „Wir Westerwälder" wird getragen von den drei Landkreisen Westerwald, Altenkirchen und Neuwied. Neben der „Kräuterwind Gartenroute Westerwald" mit rund 50 schönen Gartenstationen, locken Kräuterwind-Spezialisten in die spannende Natur voller Wildkräuter. Hier kochen Kräuterwind-Wirte mit viel Gespür für Kräuter und Regionalität, stehen Kräuterwind-Manufakturen für ganz neue und hochwertige Produkte der ersten Westerwälder Regionalmarke und liefern die Kräuterwind-Gartenprofis viel Know-How und noch mehr schönes Grün für ihre eigene Garten- und Wohlfühlwelt daheim.
Wie schön, wenn Menschen noch staunen können! So ergeht es immer wieder dem neuen Westerwälder Projekt „Kräuterwind – Genussreich Westerwald." Man glaubt es kaum, ist positiv überrascht und will mehr darüber wissen, was hinter Kräuterwind steckt. Kräuterwind bewegt nicht nur zahlreiche Menschen im Westerwald. Die interessanten Themen schwappen bereits über die Region hinaus und finden immer mehr Nachfrage.

www.kräuterwind.de

Die „Kräuter" des Westerwaldes, sowie der „Wind" des Westerwaldes sind Namensgeber, verbinden durch ihre Art wie ein grüner Faden alle Projektpartner, aber Kräuterwind ist viel mehr. Garten und grün, Natur und Regionalität sind nicht erst seit heute fruchtbarer Boden für Menschen, die für sich mehr Bewusstsein in ihren Alltag bringen möchten, mehr Anspruch an ihre Freizeitgestaltung haben und wieder mehr Erdung in einer globalisierten Welt suchen. Genuss und Leidenschaft dürfen nicht nur, sondern sollen sogar angesprochen werden, denn Kräuterwind soll Freude bereiten, die Sinne ansprechen, das Leben bereichern und ein Synonym für Qualität sein. Dahin streben die vielen engagierten Projektpartner und Anbieter.

WIND
KRÄUTERW
GENUSSREICH WESTE
EINSCHMECKER
2011

Slow-Food

Kräuterwind ist Fördermitglied von Slow-Food Deutschland e.V. und war 2012 zum ersten Mal auf der Slow-Food-Messe in Stuttgart mit großem Erfolg vertreten. Die kleine Fromagerie hat von Beginn an das Projekt „Kräuterwind – Genussreich Westerwald" mit aufgebaut und beliefert Kräuterwind mit verschiedenen Käsevariationen. Slow-Food ist eine weltweite Vereinigung von bewussten Genießern und mündigen Konsumenten, die es sich zur Aufgabe gemacht haben, die Kultur des Essens und Trinkens zu pflegen und lebendig zu halten.

Die Non-Profit-Organisation fördert eine verantwortliche Landwirtschaft und Fischerei, eine artgerechte Viehzucht, das traditionelle Lebensmittelhandwerk und die Bewahrung der regionalen Geschmacksvielfalt. Weiterhin bringt sie Produzenten, Händler und Verbraucher miteinander in Kontakt, vermittelt Wissen über die Qualität von Nahrungsmitteln und macht so den Ernährungsmarkt transparent. Auch die kleine Fromagerie hat sich Slow-Food auf ihre Fahnen geschrieben und ist als Mitglied dabei. Ich finde es ist eine gute Sache, die man unbedingt unterstützen sollte und nicht nur das, sondern nach Möglichkeit aktiv betreiben sollte.

Wissen, was man isst!

„Ich möchte die Geschichte einer Speise kennen. Ich möchte wissen, woher die Nahrung kommt. Ich stelle mir gerne die Hände derer vor, die das, was ich esse angebaut, verarbeitet und gekocht haben."

Carlo Petrini. Gründer und internationaler Präsident von Slow Food

Gebet einer Ziege zur Erbarmung

Herr,
lass mich leben nach meiner Phantasie!
Ich brauche ein wenig wilde Freiheit,
ein wenig Taumel im Herzen
und diesen fremden Geschmack von unbekannten Blumen.
Für wen wären deine Berge
und dieser Wind von Schnee und von Quellen?
Die Schafe verstehen nichts!
Sie rupfen, sie rupfen
alle und allzeit im selben Sinn,
und käuen dann endlos wieder
ihre geschmacklose Gewohnheit...
Ich, ich will springen inmitten deiner Schöpfung,
über deine Abgründe hinweg,
und, das Maul voll Kräuter ohne Namen,
erschauern vor abenteuerlicher Freude
auf dem Gipfel einer Welt.
Amen

Carmen Bernos De Gasztold
aus „Gebete der Tiere“

Das sind meine Ziegen, Tiere mit besonderem Charakter und hoher Intelligenz, eigensinnig und manchmal launisch und zickig, aber wiederum lieb und anschmiegsam. Frauen – ja ich glaube es sind Frauen – die ähnliche Charaktereigenschaften aufweisen. Die Ziege ist uns Frauen im Wesen sehr ähnlich. Man muss diese Charakterzüge mögen, tolerieren und akzeptieren, auch wenn es einem manchmal nicht so leicht fällt.
Die Ziege ist ein wunderbares Tier. Wenn sie sich erst einmal an uns Menschen gewöhnt hat, kommt sie auf Zuruf sofort herbeigelaufen und freut sich, wenn man mit ihr redet, singt, lacht und spielt. Selbst beim abendlichen Gute-Nacht-Lied: „La – Le – Lu nur der Mann im Mond schaut zu, wenn die kleinen Ziegen schlafen gehen…“, wissen unsere Mädchen genau, jetzt ist es Zeit zum Schlafen. Die Ziege, das Phänomen unter den Haustierrassen, eines der ältesten Nutztiere auf dieser Welt.

Käse ist eines der ältesten Lebensmittel der Welt und ist das handwerklichste
die Sortenvielfalt des Käses eng verbunden mit einer jahrhundertealten Geschichte. Feinschmecker in aller Welt lie

lfältigste Genussprodukt dieser Erde. Historisch gesehen ist
se besonders in Verbindung mit Wein.

Käse ist nicht nur Käse...

Nein, Käse ist ein idealer Begleiter oder besser gesagt eine besondere Zutat zum Verfeinern von unterschiedlichsten Gerichten. Gerade dieser Aspekt war und ist für mich ein wichtiger Gesichtspunkt, warum ich unseren Ziegenkäse in so vielen verschieden Facetten präsentiere. Die Sortenvielfalt und die ständig neuen Kreationen sind mein Credo. Es ist die Kreativität, die Spannung und die Herausforderung zugleich, warum der Ziegenkäse für mich zur Lebensaufgabe geworden ist. Es wird nie langweilig, denn jede Käsecharge ist eine neue Herausforderung und treibt mich voran. Ich liebe die reine, weiße Ziegenmilch, den Duft des frisch abgeschöpften Ziegenkäses, das Affinieren der unterschiedlichsten Käsevariationen und besonders den Genuss der einzelnen Käsesorten.

Ziegencamembert mit Trüffel, Schokolade, Früchten, Nüssen, Kräutern, Blüten und edlen Gewürzen.
Er hat eine leichte Pilznote und schmeckt frisch, dezent nach Ziegenmilch. Gereift entfaltet er sein herzhaftes Ziegenaroma. Genießer lieben ihn! Sein vielfältiger Geschmack in den unterschiedlichsten Formen ist ein Genuss für jeden Käseliebhaber.

Ziegenkäse-Warenkunde – Camembert

Le petit Camembert
mit Rosmarin

Le petit Camembert
in Salbei gereift

Le petit Camembert
in Pinienasche gereift

Camembert
mit Lavendel und Pfeffer

Camembert
mit Blüten

Camembert
mit Heublumen

Camembert
mit Ziegenfrischkäse, Steinpilzen und schwarzem Trüffel

Ofenkäse in Tannenrinde
mit Pfeffer und roten Pfefferbeeren

Ofenkäse im Westerwälder Tontopf mit Rosmarin

Camembert
natur

Camembert-Rolle
mit geröstetem Sesam

Ziegenkäse-Warenkunde – Schnittkäse & Brie

Westerwälder Diamant
gereift auf Bio-Heu

Ziegenschnittkäse
ein Abriebkäse nach Art des Pecorino mit Diamantsalz, Kräutern und Pfeffer

Ziegenschnittkäse
mit gemahlenem Pfeffer

Ziegenschnittkäse
in Rotwein gereift

Ziegenschnittkäse
in Haselnussgeist gereift

Westerwälder Basaltstein
in Pinienasche gereift

Ziegenbrie
mit Salbei

Ziegenbrie
mit Kräutern der Provence

Ziegenschnittkäse, sein Mantel ist verfeinert mit Kräutern, Weinen, Bränden oder Pinienasche. Er reift in einem Heu- oder Strohbett heran. Unter seiner kräftigen Rinde steckt ein milder, feinherber und nussiger Kern.

Ziegenbrie in den unterschiedlichsten Geschmacksvariationen wie ein Camembert, jedoch immer nur in einer Form. Der Tortenbrie, der kleine Geschmacksbruder des Camembert, unterscheidet sich von letzterem nur durch eine etwas andere Herstellungsweise. Es ist dieser kleine aber feine Unterschied. Genau diese Abweichung macht den jungen Burschen milder und feinwürziger im Geschmack.

Ziegenkäse-Warenkunde – Frischkäse & Weichkäse

Ziegenfrischkäse
mit Blütenvariationen

Ziegenfrischkäse
mit Ringelblumen

Ziegenfrischkäse
mit frischen Kräutern

Ziegenfrischkäse
mit geröstetem Sesam

Ziegenfrischkäse
mit Schwarzkümmel

Ziegenfrischkäse
mit Pfeffer

Westerwälder Knoten
in Pflanzenasche gereift

scharfe Ziege
Ziegenweichkäse mit Chili

Ziegenfrischkäse mit Wiesenkräutern, Ringelblumen und Gänseblümchen. Dieser Frischling duftet noch wie frischer Quark. Kein Wunder, er ist gerade mal zwei Tage alt. Auch äußerlich kommt er jung wie der Frühling daher, mit frischen Kräutern und Blüten.

Ziegenweichkäse verfeinert mit Pflanzenasche schmeckt rauchig und erdig. Mit Gewürzen, Kräutern und Blüten in den verschiedensten Ausführungen ist er zart und weich wie seine Seele und cremig aromatisch im Geschmack. Auch hier gilt: je älter, desto intensiver im Geschmack und Charakter.

Dies ist nur ein kleiner Einblick in unsere Sortenvielfalt. Alles Käse, das kann man wohl sagen!

Danke

An dieser Stelle möchte ich „Danke" sagen.

Danke sagen möchte ich vor allen Dingen meiner Familie, ganz besonders meinem Mann Dirk. Ohne ihn und den Rückhalt, den er mir gibt, hätte ich es nicht schaffen können. Mein Mann ist genau wie ich ein Teilzeitaussteiger – oder besser gesagt – ein Feierabendaussteiger. Auch er war bisher ein reiner Büromensch (Verwaltungs-Betriebswirt), er hat sich die Aufgaben der Landwirtschaft im Schnellverfahren angeeignet. Raus aus den schwarzen Llyod-Schuhen, rein in die mit den Stahlkappen. Aus dem Anzug in die Bauernklamotten. Von der Limousine auf den Trecker. Auch er macht es mit viel Liebe und Engagement. So zu leben wie früher, am Rest des Tages und in der Freizeit, das bringt Freude und treibt ihn trotz schwerer Arbeit voran.

Danke sagen möchte ich meinen drei Söhnen. Daniel(25), Adrian(20) und Konstantin(13). Die Kinder waren zum größten Teil schon fast erwachsen, als ich mich entschieden habe Ziegenbäuerin zu werden. Ich konnte nicht unbedingt erwarten, dass sie alle mit Jubel und Freude an die neue Situation herantreten würden. Skepsis und Neugier waren gleichermaßen vertreten. Es kamen keine Jubelrufe, wenn es hieß: „Heute werden die Ställe gemistet oder Zäune gestellt." Nein, aber sie waren da, wenn ich sie gebraucht habe, sie haben es akzeptiert und fleißig mitgeholfen. Ich denke auch sie müssen sich langsam herantasten und vielleicht, wenn sie älter sind und das Leben bewusster leben, sind sie mir irgendwann dankbar dafür, dass ich auch ihnen die Möglichkeit geschaffen habe, etwas von unseren Vorfahren zu erhalten. Zum jetzigen Zeitpunkt haben sie noch andere Ziele und Vorstellungen vom Leben, das ist auch vollkommen in Ordnung so. Erziehung ist nicht das, was man predigt, Erziehung ist das, was man vorlebt.

Ein großes Dankeschön geht an meine Mutter, die sich besonders um die Aufzucht der jungen Zicklein kümmert. Selbst in ihrer alten Scheune neben der Kochküche hat sie in strengen, kalten Wintermonaten bis zu 35 junge Zicklein mit der Flasche und mit besonders viel Liebe großgezogen. Auch sie wollte erst nicht so recht, sie kannte dieses harte Leben der Bauern noch von früher. Letztendlich hat sie es jedoch mit solch einer Leidenschaft und Hingabe gehändelt, als hätte sie nie etwas anderes in ihrem Leben gemacht. Fünfmal am Tag 35 kleinen Ziegen die Flasche zu geben, ist schon kein Hobby mehr, sondern ein Fulltime-Job, den man nur mit Herzblut ausüben kann. Doch ein zufriedenes, glückliches kleines Zicklein dankt es mit seinen großen Kulleraugen und einer schmatzenden Zunge.

...und Danke

Danke auch an meine Schwiegereltern, die uns stets, wenn Hilfe benötigt wird, zur Seite stehen. Opa Helmut regelte den Baustellenverkehr reibungslos. Oma Inge sorgt für das leibliche Wohl der hungrigen Mäuler und ist auch sonst stets zur Stelle, wenn sie gebraucht wird. Bei der Sinfonie der Sinne, unserer Käse-Weinverkostung, wäre es undenkbar ein 7-Gänge-Menü auf die Beine zu stellen, ohne die beiden Omas.

Mein ganz besonderer Dank gilt Opa Wendelin, der leider nicht mehr unter uns auf der Erde lebt. Von ihm habe ich gelernt, alte Traditionen aufrecht zu erhalten und in die Tat umzusetzen. Er hat mir das vorgelebt, was ich heute bin. Er liebte die „alte Zeit" und lebte sie selbst oft in Wort und Tat. Viele ältere Menschen bei uns im Ort sagen, „ Von wem hat sie das nur?" Ich habe immer die gleiche Antwort gehört: „Von Schulgritte Gritt." Schulgritte Gritt war meine Uroma und der Dorfname unserer Familie ist „Schulgritte"; ich bin also Schulgritte Claudia. Meine Uroma hatte 8 Kinder und betrieb eine große Landwirtschaft.
Mein Uropa Josef weilte vom zeitigen Frühjahr an bis in den Herbst im Siegerland, um dort am Bau zu arbeiten und mit seinem Lohn die große Familie zu unterhalten. Uroma Gritt musste zuhause alles alleine managen. Sie hatte weder Betriebswirtschaft noch Management studiert, nein, sie musste es, damit die Familie überleben konnte. Der Dorfname Schulgritte entstand aus den zwei Wörtern „Schul" wie Schule und „Gritt" wie Margareta, denn Gritt kochte auch mittags noch für die „Schommaster" (Schullehrer) das Mittagessen. Ebenso war sie eine nicht ausgebildete Tierärztin in unserem Dorf, die zu jeder Tages- und Nachtzeit gerufen wurde, wenn ein Tier krank war oder es Komplikationen bei den Geburten gab.
Von all diesen Menschen haben wir sehr stark profitiert, von den früheren Erfahrungen in der Landwirtschaft und von vielen Erzählungen aus der alten Zeit.

Unsere erste Heuernte 2011 hat uns alle zurückversetzt in die gute alte Zeit von früher. Ich habe gemerkt und am eigenen Leibe gespürt, dass die körperliche Arbeit beim Heumachen sehr schwer ist, aber sie hat gleichermaßen einen Zustand von Ausgeglichenheit und Zufriedenheit in uns allen hervorgerufen.
Ein großer Dank meinen Mitarbeiterinnen und Freunden, die mir zur Seite stehen und mir tatkräftig unter die Arme greifen.

Danke auch allen, die uns stets mit Rat und Tat zur Seite stehen.

Eure Claudia

Schön, dass es Sie gibt…

…denn ohne Sie wären wir heute nicht da, wo wir jetzt sind. „Der Genießerhof im Westerwald". Danke an Sie, die Leser dieses Buches, Sie haben es bis zur letzten Seite gelesen. Danke an unsere treuen Stammkunden, privat sowie geschäftlich. Sie haben nie „gemeckert". Danke an die Gäste der „Sinfonie der Sinne", die uns soviel Freude bereiten mit ihren Komplimenten, welche uns stets ermutigen, so weiter zu machen. Sie alle haben uns gezeigt, dass wir auf dem richtigen Weg sind. Wir freuen uns, Sie vielleicht schon bald wieder in unserer kleinen „Ziegenhofidylle" im Westerwald begrüßen zu dürfen.

Ich würde mich freuen, wenn Sie mir einen Kommentar schicken. Ich bin Ziegenbäuerin und keine Schriftstellerin. Jedoch versuche ich alles in meinem Leben mit Herz und Leidenschaft zu machen. Drücken Sie mir die Daumen, dass es gelingt, denn ich weiß es auch noch nicht. Ein Buch zu schreiben, gehörte nun mal auch zu meinem innersten Bedürfnis. Aber auf Grund der kurz bemessenen Zeit, die ich dafür hatte und der Tatsache, dass wir unsere Ziegenhofidylle noch nicht abgeschlossen haben, wird es vielleicht noch ein zweites Buch geben. Ich hoffe auf Ihre positiven Kommentare und wenn nötig auch auf die negativen. Denn nur wer Fehler macht, lernt daraus.

Claudia Schäfer-Trumm mit Familie &
Anna, Emma, Mathilda, Froni, Henriette, Pilagia, Justine…

GERICHTE UND GESCHICHTEN AUS DEM WESTERWALD UND DER LAHN.

Parallel zu diesem Buch empfehlen wir Ihnen das Buch „Dem König hat's gefallen". Sie alle eint die Liebe zu gutem Essen, zu frischen Zutaten und dem beglückendem Zusammensein am Tisch.

„Dem König hat's gefallen", 270 Seiten
ISBN-Nr. 978-3-00-039881-0, 29,90 €

2013 „DIE ZIEGENPRINZESSIN", ISBN 978-3-00-041389-6
Die kleine Fromagerie, Claudia Schäfer-Trumm, 56479 Oberrod/Westerwald
www.kleine-fromagerie.de, info@kleine-fromagerie.de

Bildnachweis:	Kirsten Bucher (Seite 02, 08, 16-17, 36-39, 46, 60-61, 87, 93)
	Rainer Wengenroth (Vorsatz, Seite 30-31, 57-59, 62-63, 72-73, 80-81, 88-89, 125)
	Nicole Metzinger (Seite 26, 34-35, 40, 71, 75, 76, 79, 83, 94, 114-119)
	Alexandra Zoth (Seite 01, 66-67)
	Peter-Josef Koch (Seite 04-05, 82, 86)
	Matthias Ketz (Seite 32, 106-107)
	Claudia Schäfer-Trumm (alle übrigen Aufnahmen)
Programmplanung:	Claudia Schäfer-Trumm
Text und Rezepte:	Claudia Schäfer-Trumm
Lektorat:	Waldemar Thomas
Satz und Gestaltung:	Nicole Metzinger
Produktion:	hartmann-koch.de
Druck:	Johnen Druck